Allan Vila Espejo

Chef Allan
Ovos sem Casca

Fotos HELENA DE CASTRO

Dados Internacionais de Catalogação na Publicação (CIP)
(Câmara Brasileira do Livro, SP, Brasil)

Vila Espejo, Allan

Ovos sem casca / Allan Vila Espejo ; fotografias Helena de Castro. – São Paulo : Editora Melhoramentos, 2005.

ISBN 85-06-04552-5

1. Culinária (Ovos) I. Castro, Helena de. II. Título.

05-1100   CDD-641.675

Índices para catálogo sistemático:

1. Ovos : Receitas culinárias   641.675

Fotografias: Helena de Castro
Projeto gráfico e produção editorial: Clim Editorial

© 2005 Allan Vila Espejo

© 2005 Editora Melhoramentos Ltda.

Atendimento ao consumidor:
Caixa Postal 11541 – CEP 05049-970 – São Paulo – SP – Brasil

Edição: 7 6 5 4 3 2 1
Ano: 2008 07 06 05

ISBN: 85-06-04552-5

Impresso no Brasil

Sumário

Dedicatória **4**

Apresentação **5**

INTRODUÇÃO

    Um pouco de história **6**

    Informações práticas **13**

RECEITAS

    Ovo quente ou cozido **18**

    Ovo frito ou estrelado **23**

    Ovo pochê **26**

    Ovos ao forno **27**

    Ovos de manhã **28**

    Tortilhas, fritadas e omeletes **35**

    Ovos mexidos **50**

    Massas com ovos **57**

    Suflês **59**

    Ovos no mundo **67**

    Molhos **80**

    Ovas de peixe **89**

    Bebidas com ovos **92**

    Ovos de Páscoa **95**

    Sobremesas **101**

Temperos **123**

Índice das receitas **126**

Dedico este livro

À família Vila

Pepita e Oscar

À família Conte

Que me adotou como sócio e filho

Aos amigos Emmanuel Bassoleil, Erik Jacquin, Adriano Kanashiro

Inseparáveis, criativos e profissionais

Ao Luca

Ele também era um ovo no momento em que este livro nasceu

Aos meus filhos

Oscar, Miréia, Eva e Ana

E a Você _____

Apresentação

O ovo está presente em todas as cozinhas do mundo, tanto como ingrediente quase único – como cozido, frito, pochê, em omeletes e fritadas – quanto no preparo dos mais variados doces e salgados. Nenhum alimento supera o ovo em versatilidade. Entre as suas muitas aplicações, os ovos servem para dar volume e elasticidade a molhos; para ligar a massa do macarrão, de pães e bolos; engrossar cremes; e como emulsificador para a maionese. Sem falar dos preparos à milanesa e à dorê.

Em todas as culturas o ovo aparece como sinônimo de vida. No Oriente, o caos primordial era concebido como um ovo, dentro do qual Céu e Terra se encontravam mesclados. Da separação teria nascido o cosmo. Em vários países europeus, cascas de ovos são decoradas e trabalhadas até se transformar em obras de arte. Na Páscoa, são também os ovos, desta vez de chocolate, que dão o tom à festividade.

O ovo é um dos alimentos mais nutritivos – fornece grande quantidade de proteínas, vitaminas e sais minerais que são de fácil assimilação pelo nosso organismo – e sua elevada produção permite que o produto esteja sempre à mão em todas as casas, a preço acessível.

Para elaborar este livro pesquisamos e criamos as melhores receitas que utilizam o ovo como ingrediente principal. Se você estiver aprendendo a cozinhar encontrará aqui indicações seguras para preparar um ovo no ponto desejado. Quem nunca ouviu: "Não sabe nem fritar um ovo!" como referência à falta de dotes culinários de alguém? A frase identifica bem a praticidade desse ingrediente, pois qualquer um pode fritar ou cozinhar um ovo, mesmo tendo pouca ou nenhuma familiaridade com a cozinha.

Bom apetite!

Allan Vila Espejo

Introdução

Um pouco de história

O ovo é um dos mais antigos alimentos consumidos pelo homem. Relatos apontam a galinha selvagem do norte da Índia como o antepassado mais próximo da atual – segundo Darwin, a galinha européia tinha como ancestral a raça Red Jungie Fowl do sudeste asiático –, mas ninguém sabe ao certo quando a primeira galinha foi domesticada: a história indiana situa esse fato como tendo ocorrido por volta de 3.200 a.C.

Sabemos que não há nenhuma menção no Antigo Testamento sobre as galinhas ou seus ovos, mas elas já eram criadas como animais domésticos 2.000 anos a.C. Registros chineses datados de 1.400 a.C. mostram aves pondo ovos. Esse alimento era tão importante para os chineses, principalmente durante a construção da Grande Muralha, que só se podia comer a galinha depois que sua postura terminava.

Os ovos marcavam presença também nos banquetes das primeiras civilizações na Mesopotâmia. Na Assíria, a inauguração de palácios reais, cuja construção demorava muitos anos, era ocasião para grandes banquetes. Desses, o maior que se conhece foi o oferecido por Assurnazirpal II (884-859 a.C.) a 50 mil pessoas, que durou dez dias e durante o qual foram consumidos 10 mil ovos, entre tantas outras iguarias.

Os egípcios, no século IV a.C., faziam chocadeiras de tijolos, dentro das quais empilhavam até 10 mil ovos de uma só vez. Por baixo da chocadeira colocava-se fogo, que era mantido bem baixo, apenas para conservar o calor dentro da chocadeira.

Os fenícios e os gregos também criavam galinhas, bem como os etruscos, povo que antecedeu os romanos na península itálica, como demonstram cenas pintadas nas tumbas. Um fragmento literário etrusco fala sobre as galinhas da Ádria (importante cidade que floresceu próximo a Veneza e deu origem ao nome do Mar Adriático) que, "embora pequenas, eram de excelente qualidade e boas poedeiras". Provavelmente foram os romanos, cujos banquetes tinham como entrada ovos e azeitonas, acompanhados de pão e vinho, que espalharam esse animal doméstico até às ilhas britânicas.

Na Europa, durante a Idade Média, os mosteiros tinham cozinhas onde nasciam delícias inigualáveis, com o pretexto de não comer carne como uma forma de penitência. São Bernardo (1091-1153), que pregava a austeridade, escreveu: "que valor de sacrifício pode ter uma cozinha que tem dezenas e dezenas de maneiras de preparar ovos?".

Acredita-se que as caravelas de Colombo tenham trazido as primeiras galinhas ao Novo Mundo. Ancestrais das galinhas atuais, responsáveis pela enorme produção de ovos no continente americano, provavelmente eram de raças originárias da Ásia. São muitas as raças encontradas hoje em todo o mundo, em virtude do contínuo aperfeiçoamento para se obter poedeiras cada vez mais resistentes e produtivas.

A capital brasileira do ovo

A data de 18 de junho de 1928 marcou os vinte anos do início da imigração japonesa no Brasil, com a chegada do navio *Kasato Maru* ao porto de Santos, onde desembarcaram as primeiras 165 famílias. Foi também nesse dia que o governo nipônico efetuou a compra de 12 mil alqueires de terras da Fazenda Bastos. Dividida em lotes de 10 alqueires, a fazenda deu origem à cidade de Bastos, a 557 km a oeste de São Paulo, com população atual de 25.000 habitantes.

O principal entrave para a evolução da economia de Bastos foi a fragilidade do solo, um dos mais pobres do Estado de São Paulo. Os japoneses, exímios no trato com a terra, tentaram todas as formas para extrair dela alguma riqueza, primeiro com o café, depois com o algodão. Passou-se então à sericicultura, que trouxe alguma prosperidade aos japoneses, mas a verdadeira vocação estava mesmo na avicultura, que Bastos

INTRODUÇÃO

introduziu na década de 1940. Em 1948, seria realizada a primeira Festa do Ovo.

Hoje, Bastos é considerada "a capital do ovo", com uma produção estimada em 8.400.000 ovos por dia, o que representa 50% da produção estadual e 14% da produção nacional.

A produção de ovos no Brasil em 2003 alcançou a marca de 22 bilhões de unidades. É hoje o oitavo maior produtor de ovos do mundo, estando a China em primeiro lugar com o espantoso número de 400 bilhões de unidades.

Os ovos de Páscoa

Os primeiros ovos de Páscoa feitos de chocolate surgiram na França no século XIX e, na Inglaterra, mais precisamente na década de 1870. Sabemos que os ovos, como símbolo da fertilidade, já constavam como oferendas nas festas pagãs da Primavera desde tempos remotos e a Igreja Cristã os adotou, por sugestão de Santo Agostinho, como símbolo da ressurreição de Cristo.

Os gregos e persas tinham nos ovos o símbolo da criação da vida. Os chineses, em 900 a.C., já trocavam ovos vermelhos em suas festas primaveris. Os egípcios acreditavam que o ovo era a célula original da qual nasceu o Universo, e seus sacerdotes eram proibidos de comê-los para não destruírem a origem da vida.

Com a expansão do cristianismo, as festas pagãs foram mudando de significado: assim, a festa da chegada da Primavera (que no Hemisfério Norte inicia em março) tornou-se a Páscoa cristã. Em data próxima, os hebreus comemoram o Pesach, que relembra a saída do Egito rumo à Terra Prometida.

A palavra inglesa *Easter* (Páscoa) deriva de Eostre, deusa da primavera anglo-saxônica. Nesses lugares, as tradições de Páscoa incluem a decoração de ovos cozidos e as brincadeiras com ovos, como, por exemplo, rolá-los ladeira abaixo, sendo vencedor o ovo que rolar mais longe sem quebrar. No século IV, a Igreja proibiu comer ovos durante a quaresma: acredita-se que a partir daí criaram-se os jogos com ovos.

Nos países da Europa Oriental, como Ucrânia, Estônia, Lituânia e Rússia, a tradição mais forte é a decoração de ovos com os quais serão presenteados amigos e parentes. O Museu Nacional de Budapeste, capital da Hungria, guarda mais de dez mil ovos decorados. Nos Estados Unidos, a brincadeira mais tradicional ainda é a "caça ao ovo", em que ovos de chocolate são escondidos pelo quintal ou pela casa para serem descobertos pelas crianças na manhã de Páscoa.

Até o século XVII só se pintavam e decoravam ovos naturais, mas a partir de então os membros das famílias reais e os nobres começaram a trocar ovos de porcelana, ouro e prata, até culminarem, no final do século XIX, com verdadeiras obras de arte cravejadas de pedras preciosas: os famosos ovos Fabergé.

Os fabulosos Fabergé

Sem dúvida, os ovos mais fantásticos do mundo são os desenhados pelo famoso joalheiro russo Karl Gustavoich Faberge, nascido em São Petersburgo em 1846, que ficou mundialmente conhecido como Peter Carl Fabergé. Aos 24 anos herdou a joalheria do pai, mas só começou a ganhar renome internacional ao conquistar a Medalha de Ouro numa exibição na Rússia em 1882, quando a esposa do czar Alexandre III comprou um dos seus trabalhos. Seu grande prestígio, que perdura até hoje e aumenta com o passar do tempo, deve-se principalmente à série incomparável dos 56 ovos de Páscoa produzidos entre 1884 e 1917 para a família imperial russa, chamados de "Ovos Imperiais". Dez foram feitos, entre 1884 e 1894, para o czar Alexandre III. Seu filho Nicolau II comprou, entre 1895 e 1917, mais 44 ovos. Dois outros só são conhecidos por fotografias e não se sabe qual foi o seu destino.

O primeiro ovo de Fabergé foi encomendado em 1884 pelo czar Alexandre III para presentear sua esposa, a czarina Maria Fedorovna, por ocasião da Páscoa. A jóia, que se abria como uma caixa, era feita de metal esmaltado de branco e continha em seu interior uma grande gema de ouro. Dentro dela havia uma galinha também de ouro, dentro da qual havia uma coroa

Introdução

imperial cravejada de diamantes e, dentro desta, um pequeno ovo de rubi.

Encantado, a cada ano o czar encomendava um novo ovo ao seu joalheiro. Após a morte de Alexandre, seu filho, o czar Nicolau II, continuou a tradição. Fabergé então fazia dois ovos por ano: um para Alexandra, esposa de Nicolau, e outro para a mãe. Em sua confecção trabalhavam durante todo o ano mestres desenhistas, ourives, especialistas em ouro e prata, cortadores de pedras, esmaltadores e escultores. Eram usadas muitas pedras preciosas, principalmente diamantes. No século XIX, a esmaltação era uma técnica muito valorizada, mas havia poucas cores. Fabergé logo criou 140 tonalidades. Os ovos, que medem cerca de 13 centímetros, mostram desenhos extremamente detalhados, inspirados na história da Rússia ou da família imperial, como as comemorações da coroação de Nicolau II.

Depois da Revolução, Fabergé mudou-se para a Suíça, onde morreu em 1920. Somente dez de seus ovos permanecem na Rússia. Um ovo feito com uma malha de platina incrustada de diamantes, esmeraldas, safiras e rubis, que possui em seu interior um camafeu com cinco meninos imperiais, é de propriedade da rainha da Inglaterra e está exposto no Palácio de Buckingham, em Londres.

Os ovos Fabergé são verdadeiras jóias raras, disputados por colecionadores de todo o mundo, e atingem preços exorbitantes quando são leiloados. Em 1986, um ovo contendo um relógio em miniatura, que pertenceu ao czar Nicolau II, foi arrematado em um leilão em Nova York por 1 milhão de libras esterlinas. Em 1992, outro ovo imperial foi leiloado em Nova York por 3 milhões de dólares e, em 1994, na Suíça, outro por 5 milhões de dólares. Mas, o mais caro de que se tem notícia, trazendo a figura da carruagem que a czarina Alexandra usava para passear em Moscou, foi vendida pela casa de leilão Sotheby's por 24 milhões de dólares.

Folclore e curiosidades

• Na França, no século XVII, a recém-casada quebrava um ovo quando entrava em seu novo lar para assegurar fertilidade.

• Na Inglaterra, durante o Halloween, os adivinhos quebravam ovos e jogavam a clara na água para prever o futuro de acordo com a forma que ela tomasse.

• Na China, os ovos são símbolo de boa sorte e felicidade. Tradicionalmente, presenteia-se o recém-nascido com um ovo vermelho para que ele tenha boa fortuna.

• Os ovos de cem anos, especialidade da culinária chinesa, na verdade são de cem dias. Os ovos de pata, crus, são cobertos com uma mistura de cal, cinzas de pinho, sal e cascas de arroz durante 50 a 100 dias. Além de conservá-los, as substâncias químicas da mistura se infiltram através da casca, dando à clara e à gema uma cor verde-azulada e aparência de cozidas. Esses ovos têm odor forte e sabor que lembra peixe. São consumidos com picles e molho de soja.

• Existem também os ovos de pata salgados, que são um verdadeiro manjar. Permanecem cobertos por uma pasta preta de sal por cinco semanas, depois são cozidos lentamente e consumidos com arroz.

• A maior omelete do mundo, medindo 128 metros quadrados, foi feita em 19 de março de 1994, em Yokohama, no Japão. Para sua elaboração, foram utilizados 160.000 ovos.

• Apenas para se ter uma idéia de comparação, um ovo de avestruz pesa, em média, 1.400 g, o de gansa 200 g, o de galinha 50 g e o de codorna 10 g.

Ao lado, ovos de galinha, fartamente encontrados em ▶ todas as feiras livres. Na dupla seguinte, ovos de galinha, de pata, de codorna e de avestruz. O ovo escuro é o ovo de cem anos, iguaria da culinária chinesa, citado acima.

Introdução

Informações práticas

Aves, peixes e répteis são os animais que botam ovos. Os de répteis – como os de tartaruga, por exemplo – são pouco usados na alimentação. As ovas de peixe – o famoso caviar – são uma iguaria bastante apreciada, mas, como são escassas, seu custo é muito elevado. Os de aves – galinha, codorna, pata – são mais comuns, sendo os de galinha os mais consumidos em todo o mundo. Taiwan tem o maior consumo per capita anual (370), seguido do Japão (347), México (305), China (301), EUA (251), Grécia (235), Alemanha (226) e, em oitavo lugar, o Brasil (89). Por ser um alimento altamente nutritivo e de baixo custo, o ovo deveria ser mais consumido no Brasil.

A galinha e o ovo

Uma galinha começa a colocar ovos entre o seu 4º e 5º mês de vida, e os produz durante um ano, em ciclos. Os primeiros ovos geralmente são pequenos e gradualmente aumentam de tamanho.
O ovo tem início como uma célula (óvulo) no sistema reprodutor da galinha. Após a ovulação, a gema está pronta. Na primeira fase de formação do ovo, que dura 4 horas, a gema desce pelo oviduto recolhendo a clara (albumina) e depois forma a membrana. Na segunda fase, que dura 20 horas, há um processo lento de deposição de cálcio para a formação da casca, que é o fator mais importante para a manutenção da qualidade do ovo. Um ovo de galinha possui em média 8.000 poros. Cascas mal formadas tornam os ovos mais vulneráveis à entrada de microorganismos.

A cor da casca é determinada pela raça da galinha. As poedeiras da raça Leghorn branca dão origem aos ovos com casca branca, já as das raças Rhodes Island Red, New Hampshire e Leghorn vermelha originam ovos de casca marrom-clara. Tanto as poedeiras brancas quanto as vermelhas são híbridas e possuem características fisiológicas idênticas. Já a espessura da casca, além da influência genética, depende também da idade da galinha e da quantidade de cálcio fornecida pela alimentação.
A cor da gema está relacionada diretamente com a alimentação que a galinha recebe, sendo que as alimentadas com milho produzem gemas com um tom de amarelo mais intenso e as alimentadas com trigo, um amarelo mais claro.
As manchas de sangue que vemos em alguns ovos são inofensivas e se produzem quando algum vaso sanguíneo se rompe perto do canal onde o ovo está se desenvolvendo.
O que existe dentro de um ovo?

A estrutura do ovo

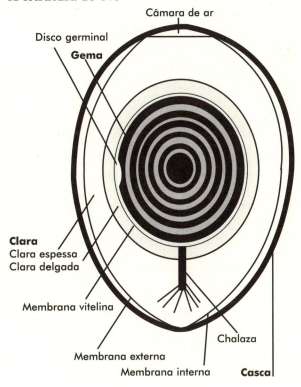

◄ Ao lado, Omelette baveuse, especialidade da culinária francesa (receita na página 69).

13

Introdução

A composição do ovo

A casca, que representa 12% do ovo completo, é composta de várias camadas de cristais de carbonato de cálcio.

A clara (56% do ovo) contém 88% de água, 10% de proteínas (mais de 13 proteínas diferentes) e 2% de carboidratos e minerais. A gema (32% do ovo) contém a maior quantidade de nutrientes: 48% de água, 17% de proteínas, 33% de gorduras e 2% de carboidratos e minerais.

Um ovo médio (com cerca de 50 g) contém:

Nutrientes (unidades)	Ovo inteiro	Clara	Gema
Calorias (kcal)	80	18	62
Proteínas (g)	6	3,5	2,5
Carboidratos (g)	0,6	0,3	0,3
Gorduras totais (g)	4,4	0	4,4
Gordura saturada (g)	1,5	0	1,5
Godura monoinsaturada (g)	2	0	2
Gordura poliinsaturada (g)	0,7	0	0,7
Colesterol (mg)	210	0	210
Vitaminas			
A (UI)	315	0	315
B1-Tiamina (mg)	0,03	0	0,03
B2-Riboflavina (mg)	0,25	0,15	0,10
B6-Piridoxina (mg)	0,06	0	0,06
B12-Cobalamina (µg)	0,5	0,1	0,4
D (UI)	24	0	24
E (mg)	0,7	0	0,7
H-Biotina (µg)	10	2,5	7,5
Colina (mg)	215	0	215
Folacina (µg)	23	1	22
Niacina (mg)	0,03	0,03	0
Minerais			
Cálcio (mg)	25	2	23
Cobre (mg)	0,007	0,002	0,005
Ferro (mg)	0,7	0	0,7
Iodo (mg)	0,02	0	0,02
Magnésio (mg)	5	4	1
Manganês (mg)	0,01	0	0,01
Sódio (mg)	63	55	8
Zinco (mg)	0,5	0	0,5

A verdade sobre o colesterol

Nas últimas décadas, os médicos têm recomendado a limitação do consumo de ovos devido ao colesterol encontrado na gema, nutriente que estaria relacionado com o aumento da colesterolemia e associado a doenças cardiovasculares. Todavia, pesquisas mais recentes indicam a gordura saturada, e não o colesterol, como o maior responsável por essas doenças. Os ovos são considerados alimento de baixo teor de gordura, tendo maior concentração de gorduras insaturadas. Um ovo de 50 g, por exemplo, possui somente 1,5 g de gordura saturada e 2,7 g de gordura mono ou poliinsaturada. Pesquisas realizadas na Harvard School of Public Health encontraram grupos de adultos saudáveis, sem aumento de doenças cardiovasculares, que possuem o hábito de comer um ovo por dia. Outros estudos também verificaram variações muito pequenas nos níveis sanguíneos de colesterol após ingestão de 1 ou 2 ovos por dia.

O tamanho dos ovos

Para serem vendidos no comércio, os ovos são classificados de acordo com o tamanho.

Tipo	Peso
jumbo	66 g ou mais
extra	60 a 65 g
grande	55 a 59 g
médio	50 a 54 g
pequeno	45 a 49 g
industrial	44 g ou menos

Como saber se os ovos são frescos

Hoje pela lei é obrigatório que os ovos tenham data de validade, assim fica mais fácil saber se o ovo está fresco ou não. Mesmo assim é bom verificar se a casca está limpa, inteira e em perfeitas condições. Jamais compre ou utilize ovos quebrados ou trincados – a casca trincada indica a possibilidade de contaminação por bactérias. Vale também lembrar que o ovo novo tem casca áspera e fosca, enquanto o ovo velho tem casca mais lisa e com certo brilho.

Alguns métodos caseiros podem comprovar o frescor de um ovo. Coloque o ovo num copo com água e sal: se afundar rapidamente, é fresco; se ficar em posição vertical, pouco acima do fundo, é um ovo de quatro ou cinco dias; se flutuar, é velho – jogue fora.

Outro método consiste em quebrar o ovo num pires: o ovo fresco tem a gema no centro, bem redonda e alta, e a clara espessa e redonda em volta da gema. Conforme o ovo vai envelhecendo, a gema vai perdendo altura e a clara vai perdendo a consistência e se esparramando, portanto o ovo estará velho se a gema estiver espalhada e a clara, aguada. Além disso, no processo de envelhecimento, o ar penetra através da casca, favorecendo a proliferação de germes, responsáveis pelo apodrecimento do ovo. O ovo estará podre se a clara estiver misturada com a gema; neste caso, exalará um forte odor.

Como guardar os ovos

Em temperatura ambiente, conservados em local fresco, os ovos duram até uma semana. Guarde-os com a parte mais pontuda virada para baixo, a fim de que a câmara de ar no interior do ovo se mantenha em seu lugar e a gema no centro. Se quiser conservar por mais tempo (10-15 dias), coloque-os na geladeira e retire 15-20 minutos antes de usar.

A casca do ovo é porosa e absorve odores, por isso guarde os ovos longe de alimentos que desprendam odor forte (alho, cebola, queijo, peixe etc.).

No passado, os ovos eram untados com manteiga ou azeite de oliva a fim de fechar os poros e aumentar o seu período de vida, ou colocados em caixa com serragem ou areia. Também guardavam-se ovos cobertos por

INTRODUÇÃO

silicato sódico, que selava os poros, impedindo a entrada de bactérias e conservando a umidade interna. Dessa forma, eles se mantinham por até 6 meses, depois era só lavar bem e usar.

Como separar a clara da gema

É mais fácil separar a clara da gema se o ovo estiver gelado. Para isso, bata a casca do ovo na borda da pia ou de uma tigela, para rachá-la. Em seguida, abra-a cuidadosamente e segure cada metade da casca em uma das mãos, fazendo com que a gema fique inteira em uma delas. Vire a outra parte deixando que a clara escorra para dentro da tigela. Passe a gema para essa metade vazia, deixando que o restante da clara também escorra para a tigela. Coloque a gema num recipiente à parte. Repita a operação com os demais ovos que vai utilizar. É importante que os utensílios usados estejam bem limpos e secos.

Para facilitar esse trabalho, você também pode usar um separador de ovos, acessório simples e facilmente encontrado à venda nas lojas de utensílios domésticos.

Como congelar

O congelamento de ovos exige certos cuidados. Primeiro, é preciso lavar muito bem a casca, para evitar qualquer contaminação. Cada ovo deve ser quebrado num pires e observado, para que se tenha certeza de que está em perfeitas condições. Depois, é só prepará-los de acordo com o tipo de congelamento desejado.

Ovos inteiros: junte os ovos já quebrados numa tigela, bata ligeiramente com um batedor manual, apenas para misturar claras e gemas, evitando que o ar se incorpore à mistura. Para cada 1/2 litro de ovo batido (ou cerca de 10 ovos) acrescente 1 colher de chá de sal ou 1 colher de sopa de açúcar, dependendo do uso que pretende dar a eles, para que funcionem como estabilizadores e impeçam que o ovo se espesse. Em seguida, acondicione

em um saco próprio para congelar ou num recipiente que feche hermeticamente, deixando um espaço de 10% da embalagem para a expansão do conteúdo. Antes de levar ao freezer, coloque uma etiqueta com a data do congelamento e indique se juntou sal ou açúcar. Se quiser, também pode-se congelar ovos batidos em bandejas de gelo, pois quantidades pequenas são ótimas para engrossar molhos, cremes e pudins; quando estiver firme, passe os cubos para um saquinho, feche bem e conserve no freezer.

Para congelar claras e gemas separadamente, comece separando as gemas das claras.

Claras: congele sem bater nem acrescentar nada. Para descongelar deixe em temperatura ambiente de 1 a 2 horas, dependendo do uso que pretende fazer. Claras descongeladas dão excelente rendimento em merengues e crescem mais do que claras frescas.

Gemas: bata delicadamente, apenas para misturá-las, tomando cuidado para não incorporar ar à mistura. Depois junte sal ou açúcar nas mesmas proporções indicadas para o congelamento de ovos inteiros e coloque esta informação na etiqueta.

Como os ovos são congelados batidos, é preciso saber dosá-los para utilizar as quantidades pedidas nas receitas. Em geral, podemos considerar as seguintes medidas:

1 clara = 2 colheres de sopa de clara batida;
1 gema = 1 colher de sopa de gema batida;
1 ovo = 3 colheres de sopa de ovo batido.

Os ovos devem ser utilizados logo após o descongelamento.

Mais uma regra básica: nunca recongele.

Funções do ovo na culinária

O ovo comparece à mesa sob as mais variadas formas e talvez nenhum outro alimento seja mais versátil. Só ou acompanhado, é bem recebido tanto no café da manhã quanto em qualquer refeição. Além disso, também pode ser utilizado na composição de muitos outros pratos. Veja a seguir algumas aplicações que os ovos têm na cozinha.

• Emulsionante – a gema usada no preparo da maionese incorpora a gordura (óleo ou azeite de oliva), sabendo-se que uma única gema chega a reter uma xícara de azeite. Ao usar o ovo inteiro (clara e gema), pode-se aumentar a quantidade de azeite, já que a clara também é um agente estabilizador. Obtém-se essa incorporação batendo o ovo com o azeite no liquidificador ou manualmente.

• Elemento de união – dão liga a qualquer preparação que leve leite e farinha.

• Clareamento de líquidos – partículas sólidas grudam-se aos ovos batidos, podendo ser filtrados em um pano fino para removê-las. Obtêm-se assim caldos e gelatinas límpidos.

• Vedação – em tortas e empadas, pincela-se a crosta para que a umidade do recheio não amoleça a massa.

• Decoração – ovos cozidos são inigualáveis na ornamentação de pratos, como o cuscuz, saladas, entradas e canapés.

• Para dar cor – a pigmentação forte do ovo é muito apreciada por dar coloração mais agradável e apetitosa às massas e outros pratos.

• Para dar sabor – a gema bem fresca confere excepcional sabor aos pratos.

• Revestimento de frituras – um dos principais usos do ovo, graças à sua propriedade de coagular em altas temperaturas, vedando o alimento que está em seu interior. Por isso, são insubstituíveis nos preparos de empanados à milanesa e à dorê, que destacamos a seguir em duas receitinhas básicas.

À MILANESA (OU EMPANADO)

1 peito de frango (ou bife, banana, etc.)
Sal e pimenta-do-reino
2 ovos
300 g de farinha de trigo
300 g de farinha de rosca
Óleo para fritar

MODO DE FAZER
1. Abra bem o peito de frango e tempere com sal e pimenta-do-reino.
2. Bata os ovos.

3. Coloque a farinha de trigo em uma travessa.
4. Faça o mesmo com a farinha de rosca.
5. Passe o peito de frango pela farinha de trigo.
6. Passe pelos ovos batidos.
7. Passe pela farinha de rosca, pressionando com os dedos para firmá-la bem.
8. Frite em abundante óleo quente.
9. Retire da frigideira e coloque sobre papel-toalha para absorver o excesso de gordura.

À DORÊ

300 g de filés de pescada
Sal
2 ovos
1 colher de sopa de salsa picada
300 g de farinha de trigo
Óleo para fritar

MODO DE FAZER
1. Tempere os filés de pescada com sal a gosto.
2. Bata os ovos e junte a salsa picada.
3. Coloque a farinha de trigo em uma travessa.
4. Passe os filés pela farinha de trigo.
5. Passe pelos ovos.
6. Frite em abundante óleo quente.
7. Retire da frigideira e coloque sobre papel-toalha para absorver o excesso de gordura.

Dicas valiosas

Aqui estão alguns pequenos segredos, mas muito importantes para um bom resultado no preparo de receitas com ovos.

• Se a receita contém ovos, é bom seguir à risca a recomendação de cozinhar em banho-maria, em fogo brando ou em forno baixo. Se a temperatura indicada for ultrapassada, os glóbulos protéicos podem-se aglomerar demais, resultando em uma massa áspera e granulada.

• O uso de vinagre ou limão faz com que a temperatura e o tempo de coagulação do ovo se reduza. Com isso, formam-se coágulos mais espessos.

• O inverso acontece com o uso do açúcar, que aumenta o tempo de coagulação.

Técnicas de Cozimento

Ovo quente ou cozido

Os ovos que serão aquecidos ou cozidos devem estar à temperatura ambiente. Se estiverem gelados, irão rachar ao serem colocados diretamente na água fervente.

Em uma panela, coloque água suficiente para cobrir os ovos. Leve a panela ao fogo e, quando a água começar a ferver, acrescente 1 colher de café de sal para cada ovo. Diminua a chama e coloque então os ovos na panela delicadamente para não quebrar a casca. Mexa com uma colher de pau, assim quando os ovos estiverem cozidos a gema estará centralizada.

Cozinhe por 3-4 minutos para obter ovos quentes e 10 minutos para obter ovos cozidos duros – não deixe mais tempo senão a gema ficará esverdeada.

Jogue fora a água quente e, logo em seguida, passe os ovos por água fria – se você deixar os ovos na água em que ferveram será mais difícil tirar a casca. Uma idéia é cozinhá-los numa cesta de metal, assim ficará mais fácil retirá-los da água fervente e passá-los pela água fria.

Depois de descascar, lave-os de novo para que não fique nenhum pedacinho de casca.

Pontos de cozimento
(tempo estimado após a colocação dos ovos na água fervente)

3-4 minutos	(ovos quentes)
8-9 minutos	(clara firme e gema ligeiramente mole)
10 minutos	(clara e gema firmes)
12 minutos	(passado do ponto ideal, a gema já começa a ficar pálida)
Mais de 12 minutos	(gema sem cor e com um anel esverdeado)

Ovos cozidos com atum

Ingredientes
4 porções

4 ovos
1/2 lata de atum em conserva
1 colher de sopa de molho de tomate
Sal e pimenta-do-reino

Modo de fazer

1. Cozinhe os ovos por 10 minutos, conforme explicado na página ao lado.
2. Descasque e corte longitudinalmente. Retire as gemas e reserve as claras.
3. Com um garfo, amasse as gemas e misture-as com o atum e o molho de tomate.
4. Tempere com sal e pimenta-do-reino a gosto.
5. Recheie as claras com essa mistura. Sirva frio.

Ovos cozidos com azeitonas pretas

Ingredientes
4 porções

4 ovos
8 azeitonas pretas
20 g de alcaparras
2 colheres de sopa de azeite de oliva
Sal
Raminhos de salsa

Modo de fazer

1. Cozinhe os ovos por 10 minutos, conforme explicado na página ao lado.
2. Descasque e corte longitudinalmente. Retire as gemas e reserve as claras.
3. Retire o caroço das azeitonas e pique-as. Pique também as alcaparras.
4. Com um garfo, amasse as gemas e misture com as azeitonas e as alcaparras picadas.
5. Acrescente o azeite e tempere com sal a gosto.
6. Recheie as claras com a mistura.
7. Enfeite com os ramos de salsa. Sirva frio.

Ovos cozidos

Ovos cozidos ao curry

Ingredientes
4 porções

1 cebola
1/2 maçã
2 colheres de sopa de manteiga (ou margarina)
1 colher de sopa de curry
1 colher de sopa de farinha de trigo
2 colheres de sopa de caldo de galinha
1 folha de louro
Sal e pimenta-do-reino
4 ovos

Modo de fazer

1. Descasque e pique a cebola e a maçã.
2. Em uma frigideira, derreta a manteiga e frite a cebola por 4 minutos em fogo baixo.
3. Acrescente a maçã. Misture o curry com a farinha de trigo e junte à frigideira. Cozinhe por 2 minutos, mexendo.
4. Adicione o caldo aos poucos, o louro e tempere com sal e pimenta-do-reino.
5. Cozinhe em fogo brando, mexendo de vez em quando, por 20-30 minutos.
6. Enquanto isso, cozinhe os ovos por 10 minutos, conforme explicado na página 18.
7. Descasque e corte longitudinalmente. Arrume numa travessa, despeje o molho por cima e sirva.

Ovos de codorna de bar

Ingredientes
4 porções

24 ovos de codorna
1 tomate maduro
1 cebola
1 pimentão verde
Salsa
4 colheres de sopa de azeite de oliva
4 colheres de sopa de vinagre
Sal

Modo de fazer

1. Cozinhe os ovos de codorna. Descasque e espere esfriar.
2. Pique o tomate, a cebola, o pimentão e a salsa. Misture os ingredientes picados.
3. Tempere com o azeite, o vinagre e sal a gosto.
4. Coloque o molho sobre os ovos de codorna e sirva.

Na página ao lado, Ovos de codorna de bar ▶ (receita acima).

Ovo frito ou estrelado

O rei dos ovos, por ser o preferido e o mais saboroso. Geralmente chamamos de ovos fritos aqueles que são feitos com abundante gordura quente, e de ovos estrelados aqueles que são fritos em uma fina camada de gordura. Tanto para fazer ovos fritos quanto estrelados recomenda-se o uso de uma frigideira com revestimento antiaderente, o que pode evitar grandes dissabores.

Ovos fritos

Devemos fazer os ovos fritos se serão consumidos sozinhos, ou seja, para molhar o pão ou por cima de um delicioso bife.

Evite usar manteiga, use de preferência óleos vegetais.
Tome cuidado com a temperatura da gordura, pois se estiver quente demais pode torrar a clara por fora e deixar a gema crua por dentro. Para saber se a gordura está na temperatura ideal, mergulhe um pedacinho de pão – este deve dourar rapidamente.
Frite um ovo de cada vez para ter controle sobre o tempo de cozimento.

Primeiro, quebre-o num pires para ter certeza de que está em boas condições. Em seguida, deixe-o escorregar para a frigideira. Frite-o por 1-2 minutos, jogando gordura por cima até que a clara fique firme e a gema, cremosa. A base do ovo deve ficar dourada.
Retire o ovo com a escumadeira, escorrendo o excesso de gordura, e coloque-o no prato de servir.

Ovos estrelados

Usamos os ovos estrelados quando forem acompanhados por outro ingrediente (bacon, presunto etc.) ou sempre que a gordura na qual foram fritos seja parte integrante da receita (ovos com ervas, por exemplo).

Se quiser que a gema fique dura, use um desses métodos:
a) Tampe a frigideira durante o preparo, a fim de gerar mais calor na parte superior para cozinhar a gema. *OU*
b) Com uma colher de cabo longo, jogue a gordura por cima da gema constantemente até cozinhá-la. *OU*
c) Se preferir que o ovo frite dos dois lados, vire-o com a escumadeira, tomando cuidado para não romper a gema.

◀ Na página ao lado, Ovo frito
(receita nesta página).

Ovos fritos com berinjela

Ingredientes
4 porções

2 berinjelas
Sal
Farinha de trigo
Azeite de oliva
4 ovos

Modo de fazer

1. Descasque as berinjelas e corte em rodelas grossas.
2. Tempere com sal e deixe descansar por 15 minutos para soltar o líquido.
3. Enxugue as rodelas com papel-toalha.
4. Passe-as na farinha de trigo.
5. Frite no azeite bem quente.
6. Em outra frigideira, frite os ovos.
7. Em uma travessa, coloque as rodelas de berinjela e arrume os ovos por cima.

Ovos fritos com espinafre

Ingredientes
4 porções

1/2 kg de espinafre (fresco ou congelado)
Sal grosso
Manteiga
Azeite de oliva
4 tiras de bacon
4 ovos
Suco de 1/2 limão
1 colher de sobremesa de salsa picada

Modo de fazer

1. *Se o espinafre for fresco:* tire os talos, lave as folhas e coloque em um recipiente com sal grosso. Deixe por 20 minutos, mexendo de vez em quando, e escorra.
2. *Se o espinafre for congelado:* siga as instruções da embalagem.
3. Refogue o espinafre em 2 colheres de sopa de manteiga. Reserve.
4. Em uma frigideira, coloque um pouco de azeite, deixe aquecer e frite as tiras de bacon.
5. Retire o bacon e, na mesma frigideira, frite os ovos.
6. Em uma travessa, coloque o espinafre de maneira que cubra todo o fundo. Por cima, intercale um ovo e uma tira de bacon.
7. Derreta 3 colheres de sopa de manteiga e misture com o suco de limão e a salsa. Regue o prato com esse molho. Sirva bem quente.

Ovos fritos com pimentão e cebola

Ingredientes — 4 porções

1 cebola
1 pimentão vermelho
1 pimentão verde
Azeite de oliva
4 ovos

Modo de fazer

1. Descasque a cebola e corte em rodelas finas.
2. Corte os pimentões em tiras.
3. Em uma frigideira, aqueça um pouco de azeite e frite primeiro a cebola, depois junte os pimentões e refogue em fogo baixo.
4. Em outra frigideira, frite os ovos.
5. Coloque os ovos em uma travessa e cubra com o refogado de cebola e pimentão.

Ovos fritos com tomate e bacon

Ingredientes — 2 porções

Azeite de oliva
4 tiras de bacon
2 tomates médios
1 colher de sobremesa de manteiga
2 ovos
Sal

Modo de fazer

1. Aqueça um pouco de azeite e frite o bacon. Reserve aquecido.
2. Tire a pele dos tomates e corte-os ao meio.
3. Em uma frigideira, aqueça a manteiga e frite as metades de tomate, primeiro de um lado, depois do outro, sem desmanchá-las.
4. Em outra frigideira, frite os ovos.
5. Arrume numa travessa os ovos fritos, o tomate e o bacon. Polvilhe com sal e sirva.

Ovo pochê

Ovo pochê

Essa técnica, muito usada na culinária francesa, consiste em cozinhar os ovos em água com uma pitada de sal e uma colher de vinagre, pois este ajuda a aglutinar a clara em volta da gema.
A primeira regra a seguir é que os ovos estejam bem frescos. Para ter certeza, quebre o ovo num pires e verifique se a clara está densa e gelatinosa, para que não se esparrame ao ser colocada na água.

Coloque água (cerca de 5 cm de altura) numa panelinha e leve ao fogo.
Quando a água estiver começando a ferver, mas ainda sem bolhas – as bolhas esfacelam a clara, separando-a da gema – deixe o ovo escorregar suavemente para a água. Se ao contrário, a água ainda não estiver quente o suficiente o ovo vai para o fundo e gruda na panela.
Abaixe o fogo e cozinhe por 3-4 minutos. A clara ficará firme e a gema, mole.
Retire o ovo com uma escumadeira, escorrendo bem, e coloque-o no prato de servir.

Ovos pochê podem ser feitos em água, leite, vinho ou caldo.

Ovo pochê ao molho de tomate

Ingredientes
4 porções

2 colheres de sopa de manteiga
1 cebola picada
2 dentes de alho picados
4 tomates, sem pele nem sementes, picados
Sal e pimenta-do-reino
Algumas folhas de manjericão
4 ovos pochês

Modo de fazer

1. Derreta a manteiga e frite primeiro a cebola, depois junte o alho.
2. Adicione o tomate picado, amassando com um garfo.
3. Tempere a gosto com sal, pimenta-do-reino e folhas de manjericão.
4. Deixe o molho cozinhar por cerca de 20 minutos em fogo baixo.
5. Enquanto isso, prepare os ovos pochês conforme explicado acima.
6. Quando o molho estiver pronto, espalhe-o numa travessa e arrume os ovos por cima. Sirva a seguir.

Ovos ao forno

Para ter certeza de que o ovo está bem fresco, quebre-o num pires e verifique se a clara está densa e gelatinosa.

Preaqueça o forno.

Escalde uma forminha refratária individual (também chamada ramequim) e unte-a.
Incline delicadamente o pires sobre a forminha, deixando o ovo cair sem romper a gema.
Polvilhe com sal e pimenta-do-reino e cubra com papel-alumínio.
Coloque a forminha numa assadeira em banho-maria (a água deve chegar à metade da forminha) e leve ao forno já quente.
Asse por 8-10 minutos, ou até que a clara esteja firme e a gema, bem quente.

Ovos ao forno com presunto

Ingredientes
4 porções

Manteiga para untar
4 fatias de presunto cozido
4 ovos
Sal e pimenta-do-reino

4 colheres de sopa de creme de leite
2 colheres de chá de estragão seco
4 colheres de chá de manteiga

Modo de fazer

1. Escalde 4 forminhas refratárias, enxugue bem e unte-as. Preaqueça o forno.
2. Corte as fatias de presunto em tirinhas finas. Espalhe metade do presunto no fundo das forminhas.
3. Coloque 1 ovo em cada forminha (quebre-o antes num pires).
4. Polvilhe os ovos com sal e pimenta-do-reino.
5. Distribua sobre os ovos o presunto restante.

6. Coloque em cada forminha, sobre o presunto, 1 colher de sopa de creme de leite.
7. Polvilhe cada forminha com 1/2 colher de chá de estragão.
8. Coloque por cima 1 colher de chá de manteiga em cada forminha.
9. Arrume as forminhas numa assadeira e acrescente água até a metade da altura.
10. Leve ao forno quente e asse por 8-10 minutos. Sirva a seguir, nas próprias forminhas, acompanhado de torradas.

Ovos de manhã

Ovos com bacon

Ingredientes
2 porções

1 colher de sopa de óleo
6 fatias de bacon
2 ovos
Sal

Modo de fazer

1. Em uma frigideira grande, aqueça o óleo.
2. Coloque as fatias de bacon ao redor da frigideira e frite por cerca de 1 minuto.
3. Quebre um ovo por vez num pires e faça-o escorregar para o centro da frigideira.
4. Polvilhe os ovos com sal.
5. Retire quando a clara estiver sólida. Se quiser que a gema fique dura, acrescente 1 colher de chá de água, tampe, abaixe o fogo e cozinhe mais um pouco.

Variação: Para fazer Ovos com Presunto, substitua o bacon por 100 g de fatias de presunto cozido cortadas ao meio.

Ovos mexidos

Ingredientes
4 porções

6 ovos
1/2 xícara de chá de leite
Sal
1 colher de sopa de manteiga
Pimenta-do-reino

Modo de fazer

1. Bata bem os ovos.
2. Adicione o leite e sal a gosto e bata mais um pouco.
3. Aqueça a manteiga numa frigideira.
4. Despeje os ovos batidos e mexa rapidamente. Cozinhe por 3 minutos em fogo baixo, ou até que fique firme, sem secar completamente.
5. Polvilhe com pimenta-do-reino e sirva.

Sugestão: se preferir que fique bem úmido, adicione um pouco mais de leite.

Ovos fritos com tomates confit
(Erik Jacquin)

4 colheres de sopa de azeite
  de oliva
4 ovos
Sal e pimenta-do-reino

6 tomates confit (veja receita abaixo)
Ciboulette (cebolinha-verde francesa)
  picada

Modo de fazer

1. Aqueça o azeite numa frigideira.
2. Quebre os ovos, um por vez, num pires e passe para a frigideira.
3. Polvilhe-os com sal e pimenta-do-reino.

4. Adicione os tomates confit.
5. Espalhe a ciboulette picada.
6. Quando os ovos estiverem no ponto desejado, retire e sirva.

Tomates confit

1 kg de tomates pequenos,
  maduros mas firmes
1 colher de sopa de sal

Pimenta-do-reino
Azeite de oliva
1 dente de alho bem picado

Modo de fazer

1. Lave os tomates, corte-os ao meio e retire as sementes.
2. Coloque num escorredor, polvilhe com o sal e deixe escorrer por 15 minutos.
3. Coloque os tomates em uma forma refratária.

4. Polvilhe com pimenta-do-reino.
5. Regue com azeite.
6. Leve ao forno brando por 1 hora e 30 minutos.
7. Retire do forno e salpique com o alho picado.

Ovos de manhã

Omelete simples

Ingredientes
1 porção

2 ovos
2 colheres de sopa de leite
Sal
1 colher de sopa de óleo

Modo de fazer

1. Bata bem os ovos.
2. Adicione o leite e sal a gosto e bata mais um pouco.
3. Aqueça o óleo numa frigideira.
4. Despeje os ovos batidos na frigideira. Incline-a e gire-a, para distribuir o ovo numa camada uniforme. Cozinhe em fogo baixo.
5. Quando coagular por baixo, dobre ao meio cuidadosamente, com o auxílio de uma escumadeira, e passe para o prato de servir. A omelete deve ficar consistente por fora e úmida por dentro.

Ovos joly

Ingredientes
1 porção

1 fatia de pão de forma
Sal
1 ovo

Modo de fazer

1. Corte um círculo de 5 cm de diâmetro do centro da fatia de pão. Retire o círculo.
2. Aqueça uma frigideira e coloque para tostar o círculo e a fatia com o buraco, separadamente.
3. Vire a fatia e o círculo para tostar do outro lado.
4. Quebre o ovo num pires e faça-o escorregar para o buraco no centro da fatia.
5. Retire o círculo da frigideira. Deixe a fatia com o ovo cozinhar por 4 minutos em fogo baixo: o pão tostará por baixo e o ovo coagulará.
6. Para servir, com uma espátula, passe a fatia com o ovo para um prato e tampe com o círculo de pão.

Ao lado, Ovos Joly (receita acima). ▶
Nas páginas seguintes, Ovos com bacon e Ovos mexidos (receitas na página 28).

Tortilhas, fritadas e omeletes

Tortilhas, fritadas e omeletes são praticamente a mesma coisa. Há quem chame de fritadas as que ficam altas e abertas, e omeletes as mais finas, servidas dobradas ao meio. Porém, tanto a alta quanto a fina, tanto a aberta quanto a dobrada, na Espanha é sempre *tortilla*, na Itália é sempre *frittàta* e na França é sempre *omelette*. Aqui estão algumas receitas que, independentemente do nome, são muito saborosas.

Tortilla de patata
(FRITADA DE BATATA)

Ingredientes — 4 porções

1/2 kg de batata
1 litro de óleo
3 ovos
Sal

Modo de fazer

1. Descasque as batatas e corte-as ao meio no sentido do comprimento. Corte meias-luas da espessura de uma moeda.
2. Aqueça o óleo numa frigideira anti-aderente, grande e funda.
3. Frite as batatas em fogo lento. Quando estiverem macias, retire e escorra.
4. Bata os ovos.
5. Junte as batatas, misturando bem para que o ovo envolva todas elas.
6. Tempere com sal.
7. Aqueça um fiozinho de óleo na frigideira e coloque a mistura. Cozinhe em fogo baixo por 5 minutos.
8. Com o auxílio de um prato, vire a fritada e cozinhe por mais 5 minutos em fogo baixo. Sirva a seguir.

Sugestão: se usar azeite de oliva para fritar, a tortilha ficará mais saborosa.

Variação: acrescente aos ovos batidos 1/2 xícara de chá de leite e 1/2 colher de sopa de páprica doce.

◀ Na página ao lado, Tortilla de patata (receita acima).

TORTILHAS, FRITADAS E OMELETES

TORTILLA DE PATATA CON CEBOLLA
(FRITADA DE BATATA COM CEBOLA)

Ingredientes
4 porções

1/2 kg de batata
1 cebola
1 litro de óleo (ou azeite de oliva)
3 ovos
1/2 xícara de chá de leite
Sal

MODO DE FAZER

1. Descasque as batatas e corte-as ao meio no sentido do comprimento. Corte meias-luas da espessura de uma moeda.
2. Faça o mesmo com a cebola.
3. Aqueça o óleo numa frigideira antiaderente, grande e funda, e frite a batata em fogo lento por 3 minutos.
5. Adicione a cebola.
6. Quando as batatas estiverem macias, retire e escorra.
7. Bata os ovos junto com o leite e o sal.
8. Junte a batata e a cebola, misturando bem para que o ovo envolva todas elas.
9. Aqueça um fiozinho de óleo na frigideira e coloque a mistura. Cozinhe em fogo baixo por 5 minutos.
10. Com o auxílio de um prato, vire a fritada e cozinhe por mais 5 minutos em fogo baixo. Sirva a seguir.

TORTILLA DE PATATA CHIPS
(FRITADA DE BATATA CHIPS)

Esta é uma curiosa fritada da cozinha desconstruída do famoso chef catalão Ferran Adrià.

Ingredientes
6 porções

10 ovos
150 g de batatas chips
1 colher de sopa de azeite de oliva

MODO DE FAZER

1. Bata 5 ovos.
2. Adicione as batatas chips quebradas e deixe descansar por 5 minutos.
3. Bata os outros 5 ovos separadamente e junte à mistura anterior.
4. Aqueça o azeite em uma frigideira.
5. Despeje a mistura e deixe cozinhar em fogo brando por 5 minutos, sem mexer.
6. Vire a fritada com o auxílio de um prato e cozinhe por mais 5 minutos.

Tortilla de Jamón y Patata
(FRITADA DE PRESUNTO E BATATA)

Ingredientes
4 porções

1/2 kg de batata
100 g de presunto cru

1 litro de óleo (ou azeite de oliva)
3 ovos
Sal

Modo de fazer

1. Descasque as batatas e corte-as ao meio no sentido do comprimento. Corte em meias-luas da espessura de uma moeda.
2. Corte o presunto cru em cubinhos.
3. Aqueça o óleo numa frigideira antiaderente, grande e funda, e frite as batatas em fogo lento por 3 minutos.
4. Adicione os cubinhos de presunto.
5. Quando as batatas estiverem macias, retire e escorra.
6. Bata os ovos.
7. Junte as batatas e o presunto. Misture bem para que o ovo envolva tudo.
8. Tempere com sal a gosto.
9. Aqueça um fiozinho de óleo na frigideira e coloque a mistura. Cozinhe em fogo baixo por 5 minutos.
10. Com o auxílio de um prato, vire a fritada e cozinhe por mais 5 minutos em fogo baixo. Sirva a seguir.

Tortilla de Chorizo

Ingredientes
4 porções

1/2 kg de batata
100 g de chorizo (salame espanhol)

1 litro de óleo (ou azeite de oliva)
3 ovos
Sal

Modo de fazer

1. Descasque as batatas e corte-as ao meio no sentido do comprimento. Corte meias-luas da espessura de uma moeda.
2. Corte o chorizo em rodelas finas e depois corte as rodelas ao meio.
3. Aqueça o óleo numa frigideira antiaderente, grande e funda, e frite as batatas em fogo lento por 3 minutos.
4. Adicione o chorizo.
5. Quando as batatas estiverem macias, retire e escorra.
6. Bata os ovos.
7. Junte as batatas e o chorizo. Misture bem para que o ovo envolva tudo.
8. Siga os passos 8, 9 e 10 da receita acima.

Tortilhas, Fritadas e Omeletes

Tortilla de Jamón
(FRITADA DE PRESUNTO CRU)

Ingredientes
1 porção

100 g de presunto cru
2 ovos
1/2 xícara de chá de leite
Sal
2 colheres de sopa de azeite de oliva

Modo de fazer

1. Pique o presunto cru em cubinhos.
2. Bata os ovos junto com o leite e tempere com sal a gosto.
3. Junte os cubinhos de presunto e misture bem.
4. Em uma frigideira antiaderente, aqueça o azeite.
5. Despeje a mistura e cozinhe em fogo baixo por 3 minutos.
6. Dobre a omelete ao meio e vire-a.
7. Cozinhe por mais 3 minutos e sirva.

Tortilla al Vapor
(FRITADA NO VAPOR)

Ingredientes
1 porção

100 g de batata
Azeite de oliva
Sal
2 ovos
Pimenta-do-reino em grão

Modo de fazer

1. Descasque as batatas e corte-as ao meio no sentido do comprimento. Corte meias-luas com 1 cm de espessura.
2. Frite as batatas no azeite até que fiquem macias.
3. Escorra, polvilhe com sal e deixe esfriar.
4. Bata as batatas no processador junto com os ovos.
5. Coloque a mistura em forminhas de 4 cm de diâmetro revestidas com filme.
6. Leve para cozinhar na panela para vapor por 50 segundos.
7. Desenforme e coloque em pratinhos individuais. Regue com um pouco de azeite e decore com grãos de pimenta-do-reino. Sirva como entrada ou acompanhamento.

Fritada de milho verde

1 lata (200 g) de milho verde
1/2 xícara de chá de leite
3 ovos
Sal
Salsa picada
1/2 xícara de chá de óleo

Modo de fazer

1. Bata no liquidificador metade do milho verde com o leite.
2. Passe por uma peneira.
3. Bata os ovos.
4. Adicione sal a gosto e salsa picada.
5. Junte a mistura batida e o restante do milho e mexa bem.
6. Aqueça o óleo em uma frigideira antiaderente.
7. Despeje a mistura na frigideira e cozinhe por 3 minutas em fogo brando.
8. Dobre a fritada e vire.
9. Cozinhe por mais 3 minutos e sirva.

Omelete de presunto e ervilhas

100 g de presunto cozido
2 ovos
1/2 xícara de chá de leite
50 g de ervilhas em conserva
Sal
2 colheres de sopa de azeite de oliva

Modo de fazer

1. Pique o presunto.
2. Bata os ovos junto com o leite.
3. Junte o presunto e misture bem.
4. Adicione as ervilhas e tempere com sal a gosto.
5. Em uma frigideira antiaderente, aqueça o azeite.
6. Despeje a mistura e cozinhe em fogo baixo por 3 minutos.
7. Dobre a omelete ao meio e vire-a.
8. Cozinhe por mais 3 minutos e sirva.

TORTILHAS, FRITADAS E OMELETES

OMELETE DE BACALHAU

Ingredientes
2 porções

200 g de bacalhau
1 colher de sopa de azeite de oliva
3 ovos

1 dente de alho cortado em lâminas
Salsa picada
Sal e pimenta-do-reino

MODO DE FAZER

1. Deixe o bacalhau de molho de um dia para o outro, trocando a água várias vezes.
2. No dia seguinte, ferva 1 litro de água. Escorra o bacalhau e coloque na água fervente. Quando ferver novamente, tampe, desligue o fogo e deixe por 20 minutos.
3. Escorra o bacalhau e desfie a carne.
4. Aqueça o azeite numa frigideira e doure levemente o alho.
5. Junte o bacalhau desfiado.

6. Adicione salsa picada e misture bem.
7. Bata os ovos e tempere com sal e pimenta-do-reino.
8. Acrescente o bacalhau e misture.
9. Em uma frigideira antiaderente, aqueça um fiozinho de azeite.
10. Despeje a mistura e cozinhe em fogo baixo por 3 minutos.
11. Dobre a omelete ao meio e vire-a.
12. Cozinhe por mais 3 minutos e sirva.

OMELETE DE CAMARÃO

Ingredientes
2 porções

200 g de camarões pequenos, já limpos
1/2 xícara de chá de azeite de oliva

2 dentes de alho picados
Sal e pimenta-do-reino
Salsa picada
3 ovos

MODO DE FAZER

1. Lave os camarões e pique grosseiramente.
2. Aqueça metade do azeite e refogue o alho rapidamente. Adicione o camarão.
3. Tempere com sal e pimenta-do-reino e junte salsa picada.
4. Bata os ovos.

5. Junte o refogado de camarão e misture.
6. Em uma frigideira antiaderente, aqueça o azeite restante.
7. Coloque a mistura e cozinhe por 4 minutos em fogo baixo. Vire a omelete.
8. Cozinhe por mais 4 minutos e sirva.

40

Tortilhas, Fritadas e Omeletes

Omelete de Pimentão e Atum

Ingredientes
2 porções

1 pimentão verde
1 batata
1 cebola
1 1/2 xícara de chá de óleo
3 ovos
1 lata (170 g) de atum, escorrido
Sal

Modo de fazer

1. Corte o pimentão em quadradinhos.
2. Corte a batata e a cebola em cubinhos.
3. Aqueça o óleo, junte a batata e frite por 5 minutos.
4. Adicione o pimentão e a cebola e frite por mais 5 minutos. Escorra e reserve.
5. Bata os ovos.
6. Junte a mistura reservada.
7. Acrescente o atum, tempere com sal a gosto e misture bem.
8. Em uma frigideira antiaderente, aqueça um fio de azeite.
9. Coloque a mistura e cozinhe por 5 minutos em fogo baixo.
10. Com o auxílio de um prato, vire a omelete e cozinhe por mais 5 minutos.

Omelete de Cebola

Ingredientes
2 porções

2 cebolas
1/2 xícara de chá de azeite de oliva
Sal e pimenta-do-reino
3 ovos

Modo de fazer

1. Corte as cebolas ao meio no sentido do comprimento, depois corte em tirinhas.
2. Aqueça o azeite e frite a cebola, mexendo sempre (deixe dourar bem).
3. Escorra a cebola e tempere com sal e pimenta-do-reino.
4. Bata os ovos.
5. Adicione a cebola frita e misture bem.
6. Em uma frigideira antiaderente, aqueça um fio de azeite.
7. Coloque a mistura e cozinhe por 4 minutos em fogo baixo.
8. Com o auxílio de um prato, vire a omelete.
9. Cozinhe por mais 4 minutos em fogo baixo e sirva.

Tortilhas, fritadas e omeletes

Fritada de macarrão

Ingredientes
4 porções

200 g de macarrão furadinho
1 xícara de chá de molho de tomate
50 g de queijo parmesão ralado
Sal e pimenta-do-reino
Salsa picada
4 ovos
1/2 xícara de chá de azeite de oliva

Modo de fazer

1. Cozinhe o macarrão e escorra.
2. Aqueça o molho de tomate e junte o macarrão.
3. Adicione o queijo parmesão e misture.
4. Retire do fogo, tempere com sal e pimenta-do-reino e junte salsa picada.
5. Bata os ovos.
6. Acrescente o macarrão e misture bem.
7. Em uma frigideira antiaderente, aqueça o azeite.
8. Coloque a mistura e cozinhe por 5 minutos em fogo baixo.
9. Com o auxílio de um prato, vire a fritada.
10. Cozinhe por mais 5 minutos em fogo baixo e sirva.

Omelete de alface

Ingredientes
2 porções

1 pé de alface
1 colher de sopa de manteiga
1/2 xícara de chá de molho branco
4 ovos
Sal e pimenta-do-reino
Óleo

Modo de fazer

1. Lave e pique o pé de alface.
2. Aqueça a manteiga e refogue a alface rapidamente.
3. Adicione o molho branco e misture.
4. Bata os ovos.
5. Acrescente a alface com molho branco.
6. Tempere com sal e pimenta-do-reino.
7. Aqueça um fio de óleo em uma frigideira antiaderente.
8. Coloque a mistura e cozinhe por 3 minutos em fogo baixo.
9. Dobre a omelete ao meio e vire-a.
10. Cozinhe por mais 3 minutos em fogo brando e sirva.

Na página ao lado, Fritada de macarrão ▶
(receita acima).

Tortilhas, fritadas e omeletes

Omelete de espinafre

Ingredientes
2 porções

1/2 maço de espinafre
Sal
1 dente de alho
2 colheres de sopa de azeite de oliva
3 ovos

Modo de fazer

1. Elimine os talos e lave as folhas do espinafre.
2. Aqueça 1/2 xícara de chá de água, tempere com sal e cozinhe o espinafre. Escorra bem e pique.
3. Amasse o dente de alho.
4. Aqueça o azeite e refogue o alho.
5. Junte o espinafre e refogue rapidamente.
6. Bata os ovos.
7. Junte o espinafre aos ovos batidos e tempere com sal.
8. Aqueça um fio de azeite em uma frigideira antiaderente.
9. Coloque a mistura e cozinhe por 4 minutos em fogo baixo.
10. Com o auxílio de um prato, vire a omelete e cozinhe por mais 4 minutos.
11. Sirva cortada em triângulos.

Omelete aos queijos

Ingredientes
2 porções

100 g de queijo prato
Salsa
3 ovos
Sal
1 colher de sopa de manteiga
50 g de queijo gorgonzola

Modo de fazer

1. Pique o queijo prato em cubinhos.
2. Pique a salsa.
3. Bata os ovos.
4. Adicione aos ovos o queijo e a salsa.
5. Tempere com sal a gosto.
6. Aqueça a manteiga em uma frigideira antiaderente.
7. Despeje a mistura e cozinhe por 4 minutos em fogo baixo.
8. Esfarele o queijo gorgonzola com a ponta dos dedos por cima da omelete.
9. Dobre a omelete ao meio, vire e cozinhe por mais 4 minutos.

◀ Ao lado, Omelete de espinafre (receita acima).

Omelete com ervas

Ingredientes
1 porção

2 ovos
2 colheres de sopa de leite
1 colher de sopa de fines herbes
Sal
1 colher de sopa de óleo

Modo de fazer

1. Bata bem os ovos.
2. Adicione o leite, as ervas finas e sal a gosto. Bata mais um pouco.
3. Aqueça o óleo numa frigideira.
4. Despeje os ovos batidos na frigideira. Incline-a e gire-a, para distribuir o ovo numa camada uniforme.
5. Quando coagular por baixo, dobre ao meio cuidadosamente, com o auxílio de uma escumadeira, e vire a omelete.
6. Cozinhe por mais 4 minutos em fogo baixo e sirva.

Omelete tricolor

Ingredientes
4 porções

6 ovos
100 g de espinafre cozido e picado
Azeite de oliva
1 tomate maduro picado
Orégano
Sal
100 g de mozarela fatiada

Modo de fazer

1. Bata 2 ovos, junte o espinafre e misture.
2. Em uma frigideira antiaderente, aqueça um fio de azeite.
3. Coloque a mistura, faça uma omelete redonda e reserve.
4. Aqueça 1 colher de sopa de azeite e refogue o tomate com orégano e sal.
5. Bata 2 ovos e junte o tomate refogado.
6. Faça outra omelete redonda e reserve.
7. Bata os 2 ovos restantes com sal.
8. Faça uma omelete redonda simples. Desligue o fogo, mas não tire a omelete da frigideira.
9. Distribua sobre ela metade da mozarela.
10. Coloque a omelete de espinafre.
11. Distribua a outra metade da mozarela.
12. Por cima, coloque a omelete de tomate.
13. Tampe a frigideira, cozinhe por 2 minutos em fogo baixo e sirva.

Tortilhas, fritadas e omeletes

Omeletes gratinados

Ingredientes
2 porções

4 ovos
Sal e pimenta-do-reino
Azeite de oliva

100 g de presunto cozido fatiado
100 g de mozarela fatiada
1 xícara de chá de molho branco
50 g de queijo parmesão ralado

Modo de fazer

1. Bata os ovos e tempere com sal e pimenta-do-reino.
2. Aqueça um fio de azeite em uma frigideira antiaderente.
3. Despeje metade dos ovos batidos e cozinhe em fogo brando por 5 minutos.
4. Vire a omelete com o auxílio de um prato e cozinhe por mais 4 minutos.
5. Coloque metade das fatias de presunto e mozarela por cima da omelete.
6. Enrole, tire da frigideira e reserve.
7. Repita com a outra metade da mistura.
8. Coloque as omeletes enroladas em uma travessa refratária. Cubra com o molho branco e polvilhe com o parmesão.
9. Leve ao forno para gratinar e sirva.

Omelete de couve-flor

Ingredientes
2 porções

1 couve-flor
1/2 xícara de chá de azeite de oliva
2 dentes de alho picados

1 colher de chá de páprica doce
Salsa picada
Sal e pimenta-do-reino
3 ovos

Modo de fazer

1. Separe os buquês da couve-flor, lave, cozinhe e pique grosseiramente.
2. Aqueça o azeite numa frigideira e refogue ligeiramente o alho.
3. Adicione a páprica e mexa.
4. Junte a couve-flor e refogue por 3 minutos.
5. Acrescente a salsa picada e tempere com sal e pimenta-do-reino a gosto.
6. Bata os ovos.
7. Junte o refogado e misture bem.
8. Numa frigideira antiaderente, aqueça um fio de azeite. Despeje a mistura e cozinhe por 5 minutos em fogo baixo.
9. Com o auxílio de um prato, vire a omelete e cozinhe por mais 5 minutos em fogo baixo.

Omelete de Legumes

Ingredientes
2 porções

1 cenoura
1/4 de maço de brócolis
200 g de batata
1/2 xícara de chá de azeite de oliva
2 dentes de alho picados
Sal e pimenta-do-reino
Salsa picada
3 ovos

Modo de fazer

1. Separadamente, cozinhe a cenoura, os brócolis e as batatas.
2. Pique os legumes.
3. Aqueça o azeite e refogue o alho ligeiramente.
4. Adicione os legumes picados.
5. Tempere com sal e pimenta-do-reino.
6. Acrescente a salsa picada.
7. Bata os ovos.
8. Junte os legumes refogados e misture.
9. Em uma frigideira antiaderente, aqueça um fio de azeite.
10. Coloque a mistura e cozinhe por 5 minutos em fogo baixo.
11. Com o auxílio de um prato, vire a omelete e cozinhe por mais 5 minutos em fogo baixo.

Omelete Cremosa

Ingredientes
2 porções

3 ovos
Sal
Salsa picada
Azeite de oliva
100 g de requeijão cremoso

Modo de fazer

1. Bata os ovos.
2. Tempere com sal a gosto e adicione a salsa picada.
3. Coloque um fio de azeite em uma frigideira antiaderente.
4. Despeje a omelete e cozinhe por 2 minutos em fogo baixo.
5. Vire a omelete com o auxílio de um prato e cozinhe por mais 2 minutos.
6. Desligue o fogo e, com cuidado, espalhe o requeijão por cima.
7. Enrole a omelete e sirva, acompanhada de salada de alface.

Omelete de cogumelo

Ingredientes
2 porções

200 g de de cogumelos Paris frescos
1/2 xícara de chá de azeite de oliva
2 dentes de alho picados
Sal e pimenta-do-reino
Salsa picada
3 ovos

Modo de fazer

1. Lave e fatie os cogumelos.
2. Aqueça o azeite numa frigideira e refogue o alho rapidamente.
3. Adicione o cogumelo.
4. Tempere com sal e pimenta-do-reino.
5. Acrescente a salsa picada e mexa.
6. Bata os ovos.
7. Junte o cogumelo refogado e misture.
8. Em uma frigideira antiaderente, aqueça um fio de azeite.
9. Coloque a mistura e cozinhe por 4 minutos em fogo baixo.
10. Dobre a omelete ao meio e vire-a.
11. Cozinhe por mais 4 minutos e sirva.

Omelete de aliche

Ingredientes
2 porções

2 filés de aliche
Salsa
1 dente de alho
3 ovos
Sal e pimenta-do-reino
1 colher de sopa de manteiga

Modo de fazer

1. Amasse os filés de aliche com um garfo.
2. Pique a salsa e o alho.
3. Bata os ovos.
4. Adicione aos ovos batidos o aliche, a salsa e o alho.
5. Tempere com sal (pouco, se o aliche já é salgado) e pimenta-do-reino a gosto.
6. Aqueça a manteiga em uma frigideira antiaderente.
7. Despeje a mistura e cozinhe por 5 minutos em fogo baixo.
8. Com o auxílio de um prato, vire a omelete.
9. Cozinhe por mais 5 minutos em fogo baixo e sirva.

Ovos mexidos

Ovos mexidos com queijo gruyère

Ingredientes
2 porções

4 ovos
Sal

1 colher de sopa de manteiga
4 colheres de sopa de queijo gruyère ralado

Modo de fazer

1. Bata bem os ovos.
2. Tempere com sal a gosto.
3. Aqueça a manteiga numa frigideira.
4. Despeje os ovos batidos e mexa rapidamente.

5. Quando estiverem quase no ponto, adicione o queijo gruyére e mexa bem. Sirva a seguir.

Ovos mexidos com aspargos

Ingredientes
2 porções

4 ovos
Sal

1 colher de sopa de manteiga
4 colheres de sopa de pontas de aspargos

Modo de fazer

1. Bata bem os ovos.
2. Tempere com sal a gosto.
3. Aqueça a manteiga numa frigideira.
4. Despeje os ovos batidos e mexa rapidamente.

5. Quando estiverem quase no ponto, adicione as pontas de aspargos e mexa bem. Sirva a seguir.

Ovos mexidos com salmão

Ingredientes
2 porções

50 g de salmão defumado
2 fatias de pão de forma
4 ovos
Sal
1 colher de sopa de manteiga

Modo de fazer

1. Corte o salmão em tirinhas.
2. Toste as fatias de pão na frigideira.
3. Bata bem os ovos e tempere com sal a gosto.
4. Aqueça a manteiga numa frigideira.
5. Despeje os ovos batidos e mexa rapidamente.
6. Quando estiverem quase prontos, adicione as tirinhas de salmão.
7. Sirva sobre as fatias de pão.

Ovos mexidos com salsicha

Ingredientes
2 porções

2 salsichas (sabor de sua escolha: frango, peru etc.)
4 ovos
Sal
1 colher de sopa de manteiga
2 colheres de sopa de molho de tomate

Modo de fazer

1. Afervente as salsichas. Escorra e corte em rodelas.
2. Bata bem os ovos e tempere com sal a gosto.
3. Aqueça a manteiga numa frigideira.
4. Despeje os ovos batidos e mexa rapidamente.
5. Quando estiverem quase no ponto, adicione a salsicha e o molho de tomate, mexa bem e sirva.

Ovos mexidos

Ovos mexidos com camarão

Ingredientes
2 porções

200 g de camarões pequenos
2 colheres de sopa de azeite de oliva
2 dentes de alho picados
Salsa picada
Sal
4 ovos

Modo de fazer

1. Tire a casca e a tripa dos camarões, lave bem e pique grosseiramente.
2. Aqueça o azeite e doure o alho.
3. Adicione os camarões e refogue rapidamente.
4. Acrescente a salsa e tempere com sal.
5. Bata os ovos.
6. Aqueça um fio de azeite numa frigideira.
7. Despeje os ovos batidos e mexa rapidamente.
8. Quando estiverem quase prontos, adicione os camarões refogados, mexa ligeiramente e sirva.

Ovos mexidos com cogumelo

Ingredientes
4 porções

150 g de cogumelos Paris frescos (ou em conserva)
1 colher de sopa de suco de limão
2 colheres de sopa de manteiga
8 ovos
Sal

Modo de fazer

1. Lave os cogumelos, respingue com suco de limão para que não escureçam e corte em lâminas finas.
2. Misture o cogumelo com 1 colher de sopa de manteiga e mais um pouco do suco de limão. Reserve.
3. Bata bem os ovos e tempere com sal a gosto.
4. Aqueça 1 colher de sopa de manteiga numa frigideira.
5. Despeje os ovos batidos e mexa rapidamente.
6. Quando estiverem quase prontos, junte o cogumelo, mexa bem e sirva.

Na página ao lado, Ovos mexidos com camarão e ▶
Ovos mexidos com cogumelo (receitas acima).
Na dupla seguinte, Ovos fritos
com tomates confit (receita na página 29).

Massas com ovos

Massa básica para macarrão

Ingredientes
4 porções

5 xícaras de chá (600 g) de farinha de trigo
5 gemas
2 ovos

Modo de fazer

1. Coloque a farinha de trigo numa tigela grande e abra um buraco no meio.
2. Junte as gemas e os ovos e mexa com uma colher de pau até incorporar toda a farinha.
3. Em seguida, trabalhe a massa com as mãos, amassando-a com o punho até que fique bem lisa.
4. Com o auxílio de um cilindro, lamine a massa na espessura desejada, ou divida-a em duas partes e abra-a com o rolo.
5. Corte a massa no formato desejado.

Observações: 1) Quebre os ovos à parte, um de cada vez, antes de juntar à farinha, para verificar se estão frescos.
2) Você pode fazer a quantidade de massa que desejar, conservando sempre a proporção de 1 gema para cada 100 g de farinha.

Variações: 1) Se quiser fazer talharim, com a carretilha corte tiras de massa de 10 cm de largura. Enrole as tiras e, utilizando uma faca, corte em tiras finas.
2) Para fazer lasanha ou canelone, corte lâminas de massa de 10 cm x 15 cm.
3) Para fazer rondele, corte placas de massa medindo 30 cm x 30 cm.

Atenção: você pode fazer qualquer receita com macarrão caseiro ou industrializado. O tempo de cozimento é o mesmo. Para servir rapidamente um prato, pode-se cozinhar o macarrão com antecedência e conservar na geladeira por até 24 horas. Para isso, cozinhe o macarrão por 9 a 12 minutos, em água fervente com sal e um fio de azeite. Passe por água fria para cessar o cozimento, escorra bem e acrescente um pouco de óleo. (O óleo deixará o macarrão soltinho.) Leve à geladeira, num recipiente tampado.
Na hora de usar, basta colocá-lo numa panela com água fervente e um fio de azeite para reaquecer.

◄ Na página ao lado, Massas frescas feitas com a receita básica para macarrão (acima).

Massa para panqueca

Ingredientes
4 porções

2 ovos
2 xícaras de chá de leite
2 xícaras de chá de farinha de trigo
1 colher de chá de sal
1 colher de chá de fermento em pó

Modo de fazer

1. Coloque todos os ingredientes no liquidificador e bata bem.
2. Deixe descansar por 20-30 minutos.
3. Unte (com óleo ou manteiga) uma frigideira pequena e leve ao fogo baixo. Quando estiver quente, despeje 1 concha da massa e gire a frigideira para espalhar bem a massa e recobrir todo o fundo.
4. Deixe fritar até soltar da frigideira.
5. Vire e frite do outro lado por mais 1 minuto. Retire e coloque num prato.
6. Repita a operação até terminar toda a massa, untando a frigideira a cada vez.
7. Recheie a panqueca a gosto e enrole.

Observação: se for usar recheio doce, substitua o sal da massa por açúcar.

Massa para crepe

Ingredientes
4 porções

2 ovos
1 1/2 xícara de chá de leite
1 xícara de chá de farinha de trigo
1 pitada de sal
2 colheres de sopa de manteiga derretida
1 colher de sopa de açúcar

Modo de fazer

1. Coloque todos os ingredientes no liquidificador e bata bem.
2. Deixe descansar por 20-30 minutos.
3. Unte (com manteiga) uma frigideira pequena e leve ao fogo baixo. Quando estiver quente, despeje 1/2 concha da massa e gire a frigideira para espalhar bem a massa e recobrir todo o fundo. O crepe deve ficar bem fino.
4. Deixe fritar até soltar da frigideira.
5. Vire e frite do outro lado por mais 1 minuto. Retire e coloque num prato.
6. Repita a operação até terminar toda a massa, untando a frigideira a cada vez.
7. Recheie a gosto e dobre em quatro.

Observação: se for usar recheio salgado para o crepe, elimine o açúcar da massa.

Suflês

O suflê é uma preparação muito leve, que usa como base um molho grosso ou um purê, ao qual se junta clara batida em neve bem firme.
Para preparar o suflê, deve-se ter muito cuidado ao separar os ovos, pois as claras não crescem o suficiente se contiverem resquícios de gema.
Se quiser, adicione uma pitada de sal às claras em neve para dar mais estabilidade.
Então, junte as claras em neve à base preparada de acordo com a receita escolhida e misture delicadamente, mexendo de baixo para cima.
Passe para uma forma própria para suflê, untada, enchendo a forma só até à metade, pois o suflê cresce muito.
Leve ao forno já aquecido para crescer e dourar.
O suflê deve ser consumido imediatamente, pois, ao esfriar, ele perde o volume.

Suflê de queijos

Ingredientes
4 porções

4 ovos
1 colher de sopa de manteiga
1 colher de sopa de farinha de trigo
2 xícaras de chá de leite
1 pitada de noz-moscada ralada
Sal e pimenta-do-reino
75 g de queijo gruyère ralado
50 g de queijo parmesão ralado

Modo de fazer

1. Quebre os ovos, separando cuidadosamente as claras das gemas.
2. Em uma panela, aqueça a manteiga.
3. Adicione a farinha, mexa bem e cozinhe por 2 minutos.
4. Junte 1 xícara de leite, aos poucos, mexendo sempre até espessar.
5. Cozinhe em fogo brando por 5 minutos.
6. Misture as gemas com a outra xícara de leite frio e bata.
7. Adicione a mistura ao molho branco que está na panela.
8. Tempere com a noz-moscada, uma pitada de sal e de pimenta-do-reino.
9. Acrescente o queijo gruyère ralado e mexa até dissolver. Retire do fogo.
10. Preaqueça o forno em temperatura baixa.
11. Bata as claras em neve bem firme.
12. Junte as claras batidas à preparação anterior, misturando com cuidado para não deixar as claras perderem o volume.
13. Unte uma forma para suflê.
14. Coloque a mistura somente até à metade da forma.
15. Polvilhe com o queijo parmesão ralado.
16. Leve ao forno brando, já aquecido, por 15 minutos. Sirva imediatamente.

Suflês

Suflê de presunto

Ingredientes
4 porções

4 ovos
150 g de presunto cozido fatiado
2 colheres de sopa de manteiga
1 colher de sopa de farinha de trigo
2 xícaras de chá de leite
1 pitada de noz-moscada ralada
Sal e pimenta-do-reino
50 g de queijo parmesão ralado

Modo de fazer

1. Quebre os ovos cuidadosamente, separando as claras das gemas.
2. Pique o presunto e refogue ligeiramente em 1 colher de manteiga. Reserve.
3. Em uma panela, aqueça a outra colher de manteiga e prepare o molho branco conforme explicado nos passos 3 a 8 do Suflê de queijos (página 59).
4. Adicione o presunto refogado e misture bem. Retire do fogo.
5. Termine o preparo seguindo os passos 10 a 16 do Suflê de queijos (página 59).

Suflê de espinafre

Ingredientes
4 porções

1 maço de espinafre
4 ovos
1 colher de sopa de manteiga
1 colher de sopa de farinha de trigo
2 xícaras de chá de leite
1 pitada de noz-moscada ralada
Sal e pimenta-do-reino
50 g de queijo parmesão ralado

Modo de fazer

1. Limpe o espinafre eliminando os talos. Lave as folhas, coloque numa panela (sem água) e leve ao fogo baixo para murchar com o vapor. Escorra, pique e reserve.
2. Quebre os ovos cuidadosamente, separando as claras das gemas.
3. Em uma panela, aqueça a manteiga e prepare o molho branco conforme explicado nos passos 3 a 8 do Suflê de queijos (página 59).
4. Adicione o espinafre reservado e misture bem. Retire do fogo.
5. Termine o preparo seguindo os passos 10 a 16 do Suflê de queijos (página 59).

Suflê de abóbora com carne-seca

Ingredientes
4 porções

200 g de carne-seca cozida
2 1/2 colheres de sopa de manteiga
Coentro picado
200 g de abóbora
4 ovos

1 colher de sopa de farinha de trigo
2 xícaras de chá de leite
1 pitada de noz-moscada ralada
Sal e pimenta-do-reino
50 g de queijo parmesão ralado

Modo de fazer

1. Desfie a carne-seca e refogue ligeiramente em 1/2 colher de manteiga.
2. Adicione coentro picado. Reserve.
3. Cozinhe a abóbora até ficar macia, retire do fogo e escorra bem.
4. Amasse até obter um purê.
5. Leve de volta ao fogo com 1 colher de manteiga e refogue bem até reduzir. Reserve.

6. Separe as claras das gemas.
7. Em uma panela, aqueça a outra colher de manteiga e prepare o molho branco conforme explicado nos passos 3 a 8 do Suflê de queijos (página 59).
8. Junte o purê de abóbora e a carne-seca.
9. Termine o preparo seguindo os passos 10 a 16 do Suflê de queijos (página 59).

Suflê de bacalhau

Ingredientes
4 porções

200 g de bacalhau dessalgado
1 colher de sopa de azeite de oliva
1 dente de alho picado
Salsa picada
4 ovos

1 colher de sopa de manteiga
1 colher de sopa de farinha de trigo
2 xícaras de chá de leite
Sal e pimenta-do-reino
50 g de queijo parmesão ralado

Modo de fazer

1. Ferva o bacalhau em 1 litro de água. Desligue o fogo, tampe e deixe descansar por 20 minutos.
2. Escorra e desfie a carne do bacalhau.
3. Aqueça o azeite e refogue o alho. Junte o bacalhau e refogue por 3 minutos.

4. Adicione a salsa, misture e reserve.
5. Siga os passos 1 a 8 do Suflê de queijos (página 59).
6. Adicione o bacalhau refogado e mexa.
7. Termine o preparo seguindo os passos 10 a 16 do Suflê de queijos (página 59).

Suflês

Suflê de Camarão

Ingredientes — 4 porções

200 g de camarões pequenos
2 colheres de sopa de manteiga
2 dentes de alho picados
Salsa picada
4 ovos
1 colher de sopa de farinha de trigo
2 xícaras de chá de leite
Sal e pimenta-do-reino
50 g de queijo parmesão ralado

Modo de fazer

1. Retire a casca e a tripa dos camarões, lave bem e pique grosseiramente.
2. Aqueça 1 colher de manteiga e refogue rapidamente o alho. Junte o camarão e refogue por 4 minutos.
3. Acrescente a salsa picada e reserve.
4. Separe as claras das gemas.
5. Em uma panela, aqueça a outra colher de manteiga e prepare o molho branco conforme explicado nos passos 3 a 8 do Suflê de queijos (página 59).
6. Adicione o camarão refogado e mexa.
7. Termine o preparo seguindo os passos 10 a 16 do Suflê de queijos (página 59).

Sugestão: para obter mais sabor, substitua metade do leite por um caldo feito com as cabeças e cascas dos camarões.

Suflê de Merluza

Ingredientes — 4 porções

300 g de filé de merluza
1 colher de sopa de azeite de oliva
1 dente de alho picado
Salsa picada
4 ovos
1 colher de sopa de manteiga
1 colher de sopa de farinha de trigo
2 xícaras de chá de leite
Sal e pimenta-do-reino
50 g de queijo parmesão ralado

Modo de fazer

1. Ferva a merluza em 1 litro de água. Desligue o fogo, tampe e deixe descansar por 5 minutos.
2. Escorra e desfie a carne do peixe.
3. Aqueça o azeite e refogue o alho. Junte a merluza e refogue por 3 minutos.
4. Adicione a salsa, misture e reserve.
5. Siga os passos 1 a 8 do Suflê de queijos (página 59).
6. Adicione a merluza refogada e mexa.
7. Termine o preparo seguindo os passos 10 a 16 do Suflê de queijos (página 59).

Suflê de cogumelo

Ingredientes
4 porções

200 g de cogumelos frescos
2 colheres de sopa de manteiga
2 dentes de alho picados
Salsa picada
4 ovos
1 colher de sopa de farinha de trigo
2 xícaras de chá de leite
Sal e pimenta-do-reino
50 g de queijo parmesão ralado

Modo de fazer

1. Lave os cogumelos e corte em lâminas.
2. Aqueça 1 colher de manteiga e doure levemente o alho. Adicione o cogumelo e refogue por 4 minutos.
3. Junte a salsa, misture e reserve.
4. Quebre os ovos cuidadosamente, separando as claras das gemas.
5. Em uma panela, aqueça a outra colher de manteiga e prepare o molho branco conforme explicado nos passos 3 a 8 do Suflê de queijos (página 59).
6. Junte o cogumelo refogado e misture.
7. Termine o preparo seguindo os passos 10 a 16 do Suflê de queijos (página 59).

Suflê de gorgonzola

Ingredientes
4 porções

4 ovos
1 colher de sopa de manteiga
1 colher de sopa de farinha de trigo
2 xícaras de chá de leite
100 g de queijo gorgonzola picado
1 pitada de noz-moscada ralada
Sal e pimenta-do-reino
50 g de queijo parmesão ralado

Modo de fazer

1. Separe as claras das gemas.
2. Em uma panela, aqueça a manteiga, junte a farinha e cozinhe por 2 minutos.
3. Adicione 1 xícara de leite, aos poucos, mexendo sempre até espessar.
4. Cozinhe em fogo baixo por 5 minutos.
5. Adicione o queijo gorgonzola picado e mexa até derreter.
6. Misture as gemas com a outra xícara de leite frio, bata bem e adicione ao molho branco que está na panela.
7. Tempere com a noz-moscada, uma pitada de sal e de pimenta-do-reino.
8. Termine o preparo seguindo os passos 10 a 16 do Suflê de queijos (página 59).

Suflês

Suflê de couve-flor

Ingredientes
4 porções

4 ovos
1 couve-flor pequena
2 colheres de sopa de manteiga
Sal e pimenta-do-reino
Salsa picada
1 colher de sopa de farinha de trigo
2 xícaras de chá de leite
1 pitada de noz-moscada ralada
50 g de queijo parmesão ralado

Modo de fazer

1. Separe as claras das gemas.
2. Lave os buquês da couve-flor, cozinhe até que fiquem macios e pique.
3. Aqueça 1 colher de manteiga, junte a couve-flor e refogue por 3 minutos.
4. Tempere com sal e pimenta-do-reino.
5. Acrescente a salsa picada e reserve.
6. Em uma panela, aqueça a outra colher de manteiga e prepare o molho branco conforme explicado nos passos 3 a 8 do Suflê de queijos (página 59).
7. Junte a couve-flor refogada e misture.
8. Termine o preparo seguindo os passos 10 a 16 do Suflê de queijos (página 59).

Suflê de salmão defumado

Ingredientes
4 porções

100 g de salmão defumado
4 ovos
1 colher de sopa de manteiga
1 colher de sopa de farinha de trigo
2 xícaras de chá de leite
Sal e pimenta-do-reino
50 g de queijo parmesão ralado

Modo de fazer

1. Pique bem o salmão defumado e reserve.
2. Siga os passos 1 a 8 do Suflê de queijos (página 59).
3. Adicione o salmão picado e misture.
4. Termine o preparo seguindo os passos 10 a 16 do Suflê de queijos (página 59).

Na página ao lado, Suflê de queijos ▶ (receita na página 59).

Ovos no mundo

NA CULINÁRIA FRANCESA
(Erik Jacquin)

Ovo com trufa ao molho de vinho tinto com pimenta-rosa

Ingredientes
1 porção

1 colher de chá de manteiga
1 ovo
1 copo de vinho tinto
10 g de trufa

Sal
Pimenta-rosa
Ciboulette (cebolinha-verde francesa)

Modo de fazer

1. Em uma frigideira antiaderente, aqueça a manteiga. Coloque o ovo e deixe até que a gema fique meio cozida.
2. Numa panelinha à parte, reduza o vinho tinto.
3. Corte a trufa com o fatiador.
4. Coloque o ovo no centro do prato de servir. Polvilhe com sal.
5. Disponha as fatias de trufa sobre o ovo.
6. Ao redor do ovo, usando uma colher, distribua o molho de vinho.
7. Decore com a pimenta-rosa e a ciboulette.

◄ Na página ao lado, Ovo com trufa ao molho de vinho tinto com pimenta-rosa (receita acima).

Ovo frito com foie gras

Ingredientes
1 porção

1 fatia grossa de foie gras
Sal
Pimenta-do-reino branca
1 copo de vinho tinto
1 colher de chá de manteiga
1 ovo
1 talo de ciboulette (cebolinha-verde francesa)

Modo de fazer

1. Aqueça uma frigideira antiaderente até esfumaçar.
2. Com a ponta da faca, faça riscos transversais na fatia de foie gras. Tempere com sal e pimenta-do-reino branca.
3. Coloque a parte riscada do foie gras sobre a frigideira e doure. Vire e doure do outro lado. Coloque sobre um pano para absorver o excesso de gordura.
4. Numa panelinha, reduza o vinho tinto.
5. Aqueça a manteiga numa frigideira antiaderente. Polvilhe com sal e pimenta-do-reino branca.
6. Coloque o ovo e deixe fritar até a gema ficar ainda um pouco mole.
7. Coloque o vinho reduzido no fundo do prato e, no centro, o foie gras com o ovo por cima. Decore com a ciboulette.

Ovo com parmesão e ketchup

Ingredientes
1 porção

1 colher de chá de manteiga
Sal e pimenta-do-reino branca
1 ovo
Lascas de parmesão
1 colher de chá de ketchup
1 ramo de manjericão roxo

Modo de fazer

1. Aqueça a manteiga numa frigideira.
2. Polvilhe com sal e pimenta-do-reino branca.
3. Coloque o ovo e deixe até que a gema esteja ainda um pouco mole.
4. Quando estiver quase no ponto, coloque as lascas de queijo sobre a clara.
5. Coloque o ovo no centro do prato e contorne com um fio de ketchup. Decore com um ramo de manjericão roxo. Sirva com salada de rúcula.

Omelette Baveuse

Ingredientes — 1 porção

3 ovos
Sal
1 colher de sopa de creme de leite fresco
Ciboulette (cebolinha-verde francesa)
1 colher de chá de manteiga
Folhas de mache
Pimenta-do-reino branca moída na hora
Suco de limão
Azeite de oliva extra virgem

Modo de fazer

1. Com uma faca, corte a ponta da casca de um dos ovos. Retire o ovo, colocando-o numa tigela. Lave a casca e reserve.
2. Quebre os outros ovos na mesma tigela.
3. Tempere com sal, acrescente o creme de leite e a ciboulette picada e bata.
4. Aqueça a manteiga numa frigideira antiaderente.
5. Adicione os ovos batidos.
6. Quando estiver cozido, dobre a omelete ao meio. A omelete deve ficar com uma cor uniforme, sem dourar.
7. Passe a omelete para um prato e decore com talos inteiros de ciboulette.
8. Tempere as folhas de mache com sal, pimenta-do-reino branca, suco de limão e azeite. Coloque as folhas na casca do ovo e arrume no prato, ao lado da omelete.

Ovo coq

Ingredientes — 1 porção

1 ovo
1 colher de chá de manteiga
Sal
1 colher de sopa de creme de leite fresco
10 g de trufa
Pão de campagne
Cerefólio

Modo de fazer

1. Com uma faca, corte a ponta do ovo. Retire o ovo, lave a casca e reserve.
2. Em uma frigideira, aqueça a manteiga. Coloque o ovo, tempere com sal e mexa até que o ovo cozinhe, mas fique ainda úmido. Adicione o creme de leite e retire.
3. Corte a trufa em fatias.
4. Torre a fatia de pão.
5. Preencha a casca de ovo com o ovo mexido. Coloque as trufas sobre o ovo. Sobre a fatia de pão, intercale trufa e ovo mexido. Decore com cerefólio.

NA CULINÁRIA LIBANESA
(Jamil Aun)

Omelete com basterma

Ingredientes
2 porções

4 ovos
Sal
1 colher de sopa de manteiga

6 fatias finas de basterma
Salsa picada

Modo de fazer

1. Quebre os ovos, tempere com sal e bata bem.
2. Aqueça a manteiga numa frigideira antiaderente e despeje os ovos batidos.
3. Coloque por cima as fatias de basterma e deixe em fogo baixo até ficar cozido, mas ainda úmido.
4. Salpique com salsa picada.
5. Sirva na própria frigideira.

Ovos com sumac

Ingredientes
1 porção

Azeite de oliva
2 ovos

Sal
2 colheres de café de sumac

Modo de fazer

1. Aqueça um fio de azeite numa frigideira antiaderente.
2. Coloque os ovos para fritar.
3. Polvilhe com sal.
4. Quando estiverem quase prontos, salpique com o sumac e sirva.

OVOS NO MUNDO

NA CULINÁRIA JUDAICA
(Breno Lerner)

Do ponto de vista da Kashrut, a lei dietética judaica, os ovos são *pareve*, ou seja, neutros. Por isso, podem ser consumidos junto com a carne ou com o leite. As únicas restrições aos ovos são que não podem ser galados e devem provir de aves permitidas pela Kashrut, como a galinha, a pata etc.

Uma velha tradição dizia que apenas os ovos brancos poderiam ser kasher. Na verdade, esta falsa crença veio do hábito de se inspecionar os ovos contra a luz de uma vela para tentar detectar manchas internas e, obviamente, isto seria mais fácil com ovos de casca branca. Genericamente, o ovo é um símbolo da continuidade da vida, de renovação, sendo utilizado com esta simbologia em diversas ocasiões religiosas ou cotidianas da comunidade judaica. No Pesach, a Páscoa judaica, costuma-se colocar na mesa um ovo cozido, chamado de Beitzá, em memória das oferendas no grande templo de Jerusalém.

HUEVOS HAMINADOS
(OVOS DE LONGO COZIMENTO)

Esta é uma das mais antigas receitas de ovos que se conhece entre os judeus. De origem sefaradita (dos judeus do Oriente Médio), é obrigatória nas grandes festas judaicas. Uma antiga tradição turca diz que não se deve dividir um *huevo haminado* com ninguém porque a outra pessoa vai ficar sabendo dos seus segredos íntimos.

Ingredientes — 4 porções

Casca de 2 cebolas

8 ovos em temperatura ambiente
2 grãos de café

MODO DE FAZER

1. Forre uma panela não metálica com as cascas de cebola.
2. Coloque os ovos e os grãos de café sobre elas.
3. Cubra tudo com água, tampe a panela e cozinhe no fogo mais baixo possível por 6 a 8 horas, tomando muito cuidado para não deixar a água secar.

4. Sirva quentes ou frios, acompanhados de uma salmoura leve na qual os convidados molham os ovos descascados.

Avgolemono
(SOPA DE LIMÃO E OVOS)

Esta sopa, clássica entre os judeus da Grécia e da Turquia, é usada para quebrar o jejum do Dia do Perdão (Yom Kipur).

Ingredientes
4 porções

6 xícaras de chá de caldo de galinha
1/2 xícara de chá de arroz, lavado e escorrido
1 colher de café de sementes de endro (dill)
3 ovos
4 colheres de sopa de suco de limão
Sal e pimenta-do-reino

Modo de fazer

1. Reserve 3/4 de xícara do caldo e leve o restante ao fogo até quase ferver.
2. Adicione o arroz e as sementes de endro. Cozinhe em fogo médio até o arroz ficar no ponto (cerca de 20 minutos).
3. Enquanto isso, bata os ovos até ficarem claros. Sem parar de bater, junte aos poucos o suco de limão, depois o caldo reservado, sal e pimenta-do-reino.
4. Despeje lentamente essa mistura na panela, mexendo sempre. Mexa por mais 2 minutos, sem deixar ferver e sirva.

Shakshouka

Este prato, também de origem sefaradita, possívelmante da Tunísia, espalhou-se por todo o Oriente e hoje é quase considerado um prato nacional de Israel.

Ingredientes
6 porções

4 colheres de sopa de óleo
4 dentes de alho picados
1 lata de tomates pelados, escorridos e picados
1 colher de chá de páprica doce
2 colheres de chá de extrato de tomate
6 ovos
Sal

Modo de fazer

1. Aqueça o óleo e refogue ligeiramente o alho. Acrescente o tomate picado, a páprica e o extrato de tomate.
2. Deixe cozinhar em fogo baixíssimo até engrossar (cerca de 20 minutos).
3. Despeje o molho numa frigideira grande e grossa e leve ao fogo.
4. Quando começar a borbulhar, quebre com cuidado os ovos sobre o molho, tampe e cozinhe por 3-4 minutos. Polvilhe com sal e sirva na própria frigideira.

Eir Mit Tzibele
(SALADA DE OVOS)

Esta salada de origem asquenasita (judeus da Europa Central) consta do cardápio de qualquer restaurante judaico americano.

6 ovos cozidos
1 cebola bem picada
Sal e pimenta-do-reino
Azeite de oliva

Modo de fazer

1. Pique os ovos ou rale no ralador grosso.
2. Misture o ovo picado com a cebola.
3. Tempere com sal e pimenta-do-reino.
4. Regue com um fio de azeite.
5. Leve à geladeira para esfriar bem.
6. Sirva com torradas e fatias de pepino em conserva.

Bruscadelle

Esta receita é uma tradição dos judeus do Piemonte, na Itália.

1 ovo
1 xícara de chá de vinho tinto
1 pão italiano amanhecido, cortado em fatias grossas
Açúcar
Canela em pó

Modo de fazer

1. Bata bem o ovo até ficar esbranquiçado.
2. Sem parar de bater, vá acrescentando o vinho aos poucos, até formar um creme ralo.
3. Mergulhe as fatias de pão no creme e esprema ligeiramente.
4. Em seguida, grelhe as fatias de ambos os lados até dourar, ou frite-as em um pouco de manteiga.
5. Polvilhe ligeiramente com açúcar e canela e sirva.

NA CULINÁRIA JAPONESA
(Adriano Kanashiro)

Chawan mushi

Ingredientes
2 porções

12 ovos
1 litro de dashi (receita abaixo)
Sal
100 g de peito de frango cozido, cortado em cubos
100 g de tikuwa (massa de peixe processado)
50 g de shiitake
100 g de camarões limpos
2 colheres de sopa de cebolinha-verde picada

Modo de fazer

1. Bata os ovos.
2. Acrescente o dashi frio e misture bem.
3. Prove e, se achar necessário, acrescente sal. Reserve.
4. Numa tigela, misture o peito de frango, o tikuwa, o shiitake e os camarões.
5. Acrescente a mistura de ovos e caldo.
6. Cubra com filme e leve para assar no vapor por 10 minutos.
7. Polvilhe com cebolinha-verde e sirva.

Dashi

Ingredientes
2 porções

1 litro de água
1 folha de kombu (alga marinha)
1 xícara de chá de katsuobushi (peixe seco e ralado)

Modo de fazer

1. Aqueça metade da água, coloque dentro a folha de kombu e deixe ferver.
2. Adicione o restante da água e o katsuobushi.
3. Quando ferver, desligue o fogo e deixe descansar por 30 minutos.
4. Coe o caldo.

Na página ao lado, Chawan mushi ▶
(receita acima).

Tamagoyaki
(OMELETE JAPONESA)

Ingredientes
4 porções

8 ovos
5 colheres de sopa de açúcar
1/2 colher de sopa de sal
1/2 colher de sopa de ajinomoto
1/2 copo de água
1 colher de sopa de mirim (saquê doce)
Óleo para aquecer a frigideira

Modo de fazer

1. Coloque todos os ingredientes (menos o óleo) em uma tigela e bata bem.
2. Passe por uma peneira e leve à geladeira por 1 hora.
3. Coloque óleo na frigideira quadrada própria para Tamagoyaki e aqueça por 30 minutos. Retire o óleo e reserve.
4. Despeje uma concha da mistura gelada.
5. Enrole a omelete até a parede da frigideira, fazendo uma omelete quadrada.
6. Unte a frigideira passando um papel-toalha com um pouco do óleo.
7. Coloque outra concha da mistura e enrole da mesma forma.
8. Repita a operação até acabar a mistura.
9. Sirva a omelete em tiras ou fatias.

Ovos de dona Churo

Ingredientes
4 porções

300 g de macarrão de udon
4 ovos
1 litro de dashi (veja receita na página 74) quente
Sal
1 colher de café de ajinomoto
100 g de cogumelos enoki
Cebolinha-verde picada
1/2 folha de nori (alga marinha) cortada em tiras

Modo de fazer

1. Cozinhe o macarrão em água fervente. Escorra e reserve.
2. Faça 4 ovos pochês conforme explicado na página 26.
3. Coloque o macarrão na tigela e adicione o dashi quente.
4. Tempere com sal e o ajinomoto.
5. Acrescente os cogumelos e misture.
6. Coloque um ovo pochê em cada tigela.
7. Decore com cebolinha-verde e tiras de nori e sirva.

◀ Na dupla anterior, Tamagoyaki e, na página ao lado, Ovos de dona Churo (receitas acima).

Molhos

Maionese 1
(Emmanuel Bassoleil)

Ingredientes
6 porções

2 gemas
1 colher de café de água
350 ml de azeite de oliva

Sal
Suco de 1/2 limão

Modo de fazer

1. Coloque as gemas no liquidificador.
2. Adicione a colher de água.
3. Ligue o liquidificador na velocidade mínima.
4. Vá juntando o azeite devagarinho, em fio, até obter consistência de maionese.
5. Tempere com sal a gosto.
6. Adicione o suco de limão.

Maionese 2

Ingredientes
6 porções

2 gemas
Sal
2 colheres de sopa de suco de limão (ou vinagre)

1/2 litro de azeite de oliva

Modo de fazer

1. Em um recipiente, bata as gemas com sal e o suco de limão (ou vinagre).
2. Sem parar de bater, adicione o azeite pouco a pouco.
3. Quando todo o azeite tiver sido incorporado, prove e, se necessário, acrescente mais suco de limão (ou vinagre) e sal.

Sugestão: no lugar do azeite de oliva pode-se usar óleo de milho.

MAIONESE COM ALHO

Ingredientes
6 porções

*1 receita de Maionese 2
  (veja receita na página ao lado)
3 dentes de alho*

MODO DE FAZER

1. Prepare a maionese de acordo com a receita.
2. Descasque os dentes de alho e amasse muito bem.

3. Misture o alho com a maionese.

MAIONESE COM ERVAS FINAS

Ingredientes
2 porções

*30 g de alcaparras
  dessalgadas
1 pepino em conserva
  (aproximadamente 30 g)
4 colheres de sopa de Maionese 1 (veja
  receita na página ao lado)
1 colher de café de vinagre de vinho tinto
1 colher de sopa de fines herbes*

MODO DE FAZER

1. Pique as alcaparras e o pepino.
2. Adicione a maionese e o vinagre e misture.

3. Acrescente as ervas finas e mexa até misturar bem.

Molhos

Maionese verde

Ingredientes — 6 porções

2 gemas
Azeite de oliva
Sal
Suco de 1/2 limão
1/2 xícara de chá de salsa

Modo de fazer

1. Coloque as gemas no liquidificador.
2. Ligue o liquidificador na velocidade mínima.
3. Junte azeite devagarinho, em fio, até obter consistência de maionese.
4. Tempere com sal a gosto.
5. Adicione o suco de limão.
6. Acrescente a salsa e bata até que fique bem triturada.

Maionese de aliche

Ingredientes — 6 porções

2 gemas cozidas
2 filés de aliche
1 colher de sopa de vinagre
Azeite de oliva

Modo de fazer

1. Em um recipiente, amasse as gemas e o aliche.
2. Acrescente o vinagre e misture.
3. Batendo sem parar, adicione azeite pouco a pouco até encorpar e ficar consistente.

Molho tártaro

Ingredientes
6 porções

2 gemas cozidas
1 colher de café de vinagre de vinho tinto
250 ml de azeite de oliva
Sal e pimenta-do-reino

1/2 cebola ralada
2 colheres de sopa de picles picados
2 colheres de sopa de Maionese 1 (veja receita na página 80)

Modo de fazer

1. Amasse as gemas com o vinagre, formando uma pasta.
2. Adicione o azeite aos poucos, mexendo sempre.
3. Tempere com sal e pimenta-do-reino.
4. Junte a cebola ralada e os picles.
5. Acrescente a maionese e mexa bem até a mistura ficar homogênea.

Molho mornay

Ingredientes
4 pessoas

3 colheres de sopa de manteiga
3 colheres de sopa de farinha de trigo
1/2 litro de leite

1 pitada de noz-moscada ralada
Sal
2 gemas
50 g de queijo parmesão ralado

Modo de fazer

1. Derreta a manteiga numa panela.
2. Junte a farinha, mexa bem e cozinhe por 1 minuto.
3. Adicione o leite aos poucos, mexendo sempre.
4. Tempere com a noz-moscada e sal a gosto.
5. Cozinhe por 5 minutos em fogo baixo.
6. Retire do fogo, junte as gemas e mexa rapidamente para não talhar.
7. Por último, acrescente o queijo ralado.

Molho gribiche

Ingredientes
4 porções

2 gemas cozidas
1 colher de café de vinagre de vinho tinto
2 pepinos em conserva
1 colher de sopa de mostarda de Dijon
3 colheres de sopa de azeite de oliva
Sal e pimenta-do-reino

Modo de fazer

1. Amasse as gemas com o vinagre, formando uma pasta.
2. Pique o pepino bem miúdo e misture com a pasta de gemas.
3. Junte a mostarda e misture.
4. Adicione o azeite lentamente, mexendo sempre.
5. Tempere com sal e pimenta-do-reino a gosto.

Molho rémoulade

Ingredientes
6 porções

2 pepinos em conserva
1 colher de sopa de alcaparras
1 colher de chá de salsa picada
1 colher de chá de estragão picado
6 colheres de sopa de Maionese 1 (veja receita na página 80)
1/2 xícara de chá de creme de leite
1 colher de café de mostarda

Modo de fazer

1. Pique bem os pepinos e as alcaparras.
2. Misture com a salsa e o estragão. Reserve.
3. Junte a maionese ao creme de leite.
4. Adicione a mostarda e mexa até ficar homogêneo.
5. Acrescente os ingredientes picados e misture bem.

Molho bénédictine

Ingredientes
6 porções

1 pacote (200 g) de manteiga
250 ml de creme de leite fresco
3 gemas
Suco de 1/2 limão (siciliano, de preferência)
Sal e pimenta-do-reino

Modo de fazer

1. Numa panelinha, derreta a manteiga em fogo baixo.
2. Coloque a panelinha em banho-maria.
3. Junte o creme de leite e misture bem.
4. Acrescente as gemas e bata com o batedor até engrossar.
5. Adicione o suco de limão.
6. Tempere com sal e pimenta-do-reino a gosto.

Maionese de salmão

Ingredientes
6 porções

2 gemas cozidas
1 colher de café de vinagre de vinho tinto
1 pepino em conserva
1/2 colher de sopa de mostarda de Dijon
3 colheres de sopa de azeite de oliva
50 g de salmão defumado
Sal e pimenta-do-reino

Modo de fazer

1. Amasse as gemas com o vinagre, formando uma pasta.
2. Pique o pepino bem miúdo e misture com a pasta de gemas.
3. Junte a mostarda e misture.
4. Adicione o azeite lentamente, mexendo sempre.
5. Pique o salmão bem fininho e adicione ao molho.
6. Tempere com sal e pimenta-do-reino a gosto.

Molho béarnaise
(Emmanuel Bassoleil)

Ingredientes
6 porções

2 colheres de sopa de manteiga
1 colher de café de vinagre de estragão
1 échalote finamente picada
1 colher de café de pimenta-do-reino moída na hora
1 colher de café de estragão picado
3 gemas
Sal

Modo de fazer

1. Derreta a manteiga e reserve.
2. Numa panelinha, misture o vinagre com a échalote e a pimenta-do-reino.
3. Adicione metade do estragão picado.
4. Coloque a panelinha em banho-maria.
5. Acrescente as gemas e bata com o batedor até espessar.
6. Junte a manteiga derretida reservada, aos poucos, mexendo sempre.
7. Passe o molho por uma peneira.
8. Adicione o restante do estragão picado.
9. Tempere com sal a gosto.

Observação: échalote é um tipo de cebola pequena e branca, muito usada na culinária francesa. Pode ser substituída por 1 cebola pequena.

Molho holandês
(Emmanuel Bassoleil)

Ingredientes
6 porções

100 g de manteiga

2 gemas
Sal

Modo de fazer

1. Derreta a manteiga e reserve.
2. Numa panelinha, misture as gemas com 1 colher de sopa de água.
3. Coloque a panelinha em banho-maria e bata com o batedor até ligar.
4. Adicione lentamente a manteiga derretida, batendo sempre.
5. Tempere com sal a gosto.

Ao lado, Molho holandês, Maionese 1 e ▶ Molho béarnaise (receitas na página 80 e acima).

OVAS DE PEIXE

Caviar

O esturjão é um peixe que vive nos mares da Ásia. A espécie que produz ovas mais refinadas, o inigualável caviar iraniano, é pescado no mar Cáspio. Os tipos de caviar seguem a seguinte classificação:

1. *Beluga*: considerado o melhor, de cor cinza a cinza-claro, tem ovas grandes (de 2 a 5% do mercado);
2. *Ossetra*: de cor cinza-escuro, tem ovas medianas (de 15 a 25% do mercado);
3. *Sevruga*: de cor cinza bem escuro a preto, tem ovas pequenas (de 60 a 80% do mercado).

O caviar deve ser degustado com o mínimo de interferência possível no sabor. Geralmente é servido levemente gelado, sobre um pãozinho especial chamado blinis (veja receita na página 90), de origem russa. O blinis é levemente coberto com creme de leite azedo ou manteiga para fazer com que as ovas grudem, facilitando assim a ação de levar o caviar à boca.

Ovas de salmão e de peixe-voador

Mais acessíveis e fáceis de encontrar no mercado, as ovas de salmão e de peixe-voador estão se tornando um hábito em restaurantes orientais no preparo de sushis. Devem ser consumidas sem passar por aquecimento, o que lhes tira o sabor e a textura.

Ovas de ouriço-do-mar

Embora os orientais dominem as fórmulas de preparo dessa iguaria, as ovas de ouriço-do-mar podem também ser consumidas de uma forma mais mediterrânea, temperadas com um pouco de azeite, limão e salsa.

Ovas de tainha

Mais uma iguaria dominada pelos orientais. Geralmente secas com a adição de saquê e sal, recebem o nome de Karasumi e são facilmente encontradas nos empórios orientais do bairro da Liberdade, em São Paulo.

◄ Na página ao lado, ovas de peixe: de salmão, de peixe-voador, de esturjão (caviar) e de peixe-voador com corante.

Ovas de peixe

OVAS DE OURIÇO-DO-MAR TEMPERADAS

Ingredientes
4 porções

1 talo de cebolinha-verde
1 ramo de salsa
1/2 dente de alho
2 colheres de sopa de azeite de oliva
1 colher de sopa de suco de limão
100 g de ovas de ouriço-do-mar

MODO DE FAZER

1. Pique bem a cebolinha-verde, a salsa e o alho. Misture.
2. Adicione o azeite e o suco de limão.
3. Junte as ovas de ouriço-do-mar e misture bem.
4. Sirva como patê, sobre torradas.

BLINIS

O blinis é uma espécie de panqueca, pequena e fofa, que serve como base para o caviar e, assim como este, tem origem russa. Sobre os blinis, os russos costumam passar um pouco de creme de leite azedo para facilitar a aderência do caviar, mas também pode-se usar manteiga para essa finalidade.

Ingredientes
40 blinis

1/2 tablete de fermento para pão
1/2 colher de chá de açúcar
1/3 de xícara de chá de leite
1 ovo
1 pitada de sal
2/3 de xícara de chá de farinha de trigo
Manteiga para untar

MODO DE FAZER

1. Numa tigela, dissolva o fermento com o açúcar.
2. Junte o leite, a gema e o sal.
3. Adicione a farinha e bata até obter um creme liso.
4. Cubra a tigela e deixe crescer por 1 hora ou até dobrar de volume.
5. Bata a clara em neve e misture à massa.
6. Unte com manteiga uma frigideira bem pequena.
7. Faça pequenas panquecas, com 5-6 cm de diâmetro, porém mais espessas do que as panquecas comuns.
8. Quando dourarem por baixo, vire e doure do outro lado.

Molho de caviar e champanhe

Ingredientes
4 porções

1 cebola
1 talo de alho-poró
1 pacote (200 g) de manteiga
1 litro de creme de leite fresco
1/2 litro de champanhe
Sal e pimenta-do-reino
50 g de caviar

Modo de fazer

1. Pique a cebola e o alho-poró.
2. Aqueça metade da manteiga.
3. Adicione a cebola e o alho-poró e refogue em fogo baixo por 5 minutos.
4. Junte o creme de leite e deixe reduzir (40%) por 15 minutos.
5. Acrescente o champanhe e deixe reduzir por mais 10 minutos.
6. Passe o molho por uma peneira e leve de volta ao fogo.
7. Adicione o restante da manteiga e mexa rapidamente até espessar.
8. Tempere com sal a gosto e uma pitadinha de pimenta-do-reino.
9. Retire do fogo e misture o caviar.
10. Sirva sobre peixes cozidos no vapor.

Espaguete com ovas de salmão

Ingredientes
4 porções

300 g de espaguete
Sal
1 colher de sopa de manteiga
1/2 cebola picada
1 cálice de uísque
1/2 xícara de chá de creme de leite
Pimenta-do-reino
1 colher de sopa de salsa picada
100 g de ovas de salmão

Modo de fazer

1. Cozinhe o espaguete em água e sal e reserve.
2. Aqueça a manteiga e refogue a cebola até murchar.
3. Adicione o uísque e cozinhe por 1 minuto.
4. Junte o creme de leite e cozinhe em fogo baixo por mais 5 minutos.
5. Passe o molho por uma peneira e leve de volta ao fogo.
6. Adicione o espaguete cozido e misture.
7. Tempere com sal a gosto e uma pitada de pimenta-do-reino.
8. Retire do fogo e misture a salsa.
9. Por último, junte as ovas de salmão, mexa cuidadosamente e sirva.

Bebidas com ovos

Gemada

Ingredientes — 1 porção

1 gema
1 1/2 colher de sopa de açúcar
1 copo de leite quente

Modo de fazer

1. Bata bem a gema com o açúcar.
2. Adicione um pouco de leite e misture.
3. Junte o leite restante.

Observação: os italianos costumam usar vinho do lugar do leite quente.

Ovomaltine

Ingredientes — 1 porção

1 copo de leite gelado

3 colheres de sopa de Ovomaltine

Modo de fazer

1. Junte os ingredientes num copo.

2. Bata muito bem e sirva.

Jamil aun cocktail*

Ingredientes — 2 porções

6 ovos de codorna com casca
50 g de amendoins, sem a pele

1 cerveja Caracu (300 ml)

Modo de fazer

1. Coloque todos os ingredientes no liquidificador e bata bem.
2. Sirva em copo alto.

* *Esta é a única receita do livro em que a casca é ingerida.*

Egg nog

1 ovo
1 colher de café de açúcar
25 ml de brandy
25 ml de rum
75 ml de leite
1 pitada de noz-moscada ralada

Modo de fazer

1. Gele a coqueteleira.
2. Coloque todos os ingredientes, exceto a noz-moscada, na coqueteleira e bata energicamente.

3. Coloque no copo, polvilhe com a noz-moscada e sirva.

Batida tropical

1 banana picada
1 ovo
250 ml de suco de laranja
1 colher de sopa de mel
Cachaça

Modo de fazer

1. Coloque todos os ingredientes no liquidificador e bata até fazer espuma.
2. Sirva em taças.

Observação: se preferir, faça sem a cachaça.

Egg flip

Ingredientes
4 porções

5 ovos
2/3 de xícara de chá de açúcar
2 cervejas de 600 ml
1 pitada de gengibre em pó
2 copos de rum

Modo de fazer

1. Em uma tigela, quebre os ovos e bata bem com um garfo.
2. Adicione o açúcar e bata.
3. Aqueça a cerveja, sem deixar ferver, e despeje devagar sobre os ovos batidos, mexendo sempre.
4. Acrescente o gengibre e leve ao fogo para aquecer.
5. Retire do fogo, misture o rum e sirva.

Gin fizz ramos

Esta bebida foi criada por Henry Ramos, em New Orleans, durante o carnaval de 1915. Na ocasião, ele contratou 35 garçons extras só para servir este drinque a seus clientes.

Ingredientes
1 porção

1 colher de sopa de açúcar de confeiteiro
Suco de 1/2 limão
1 colher de sopa de água de flor de laranjeira
45 ml de gin
1 clara
3 colheres de sopa de creme de leite
1 colher de sopa de gelo triturado
Soda limonada

Modo de fazer

1. Coloque todos os ingredientes, exceto a soda, na coqueteleira.
2. Bata bem por vários minutos até espessar.
3. Coe em um copo alto.
4. Adicione a soda e sirva.

Ovos de Páscoa

Ovo de Páscoa Tradicional

Ingredientes
2 ovos

1 barra de 1 kg de chocolate escuro (ao leite, amargo ou meio amargo)

Modo de fazer

1. Pique o chocolate ou rale no ralo grosso sobre uma folha de papel-manteiga.
2. Levante as bordas do papel e despeje o chocolate numa tigela refratária.
3. Coloque a tigela sobre uma panela com água quente e mantenha em fogo baixo, mexendo sempre até derreter completamente e ficar bem liso.
4. Despeje o chocolate derretido sobre uma superfície fria (o mármore da pia, por exemplo).
5. Recolha e jogue continuamente o chocolate com uma espátula até que fique com consistência de mel e atinja a temperatura ideal para trabalhar (28°C) – isso se chama "temperar" o chocolate. Para saber se ele está no ponto, ao tocar o lábio inferior dará a sensação de estar quase frio.
6. Use dois moldes do mesmo tamanho para que as duas metades do ovo fiquem prontas ao mesmo tempo. Depois de temperar o chocolate, despeje um pouco em cada um dos dois moldes e vá girando-os para recobrir toda a superfície interna por igual. Se preferir, você pode pincelar a forma com o chocolate, fazendo uma camada mais uniforme.
7. Deixe descansar por 5 minutos em temperatura ambiente e depois por mais 5 minutos no congelador.
8. Repita a operação mais uma ou duas vezes, até que o ovo atinja a espessura desejada. Espere secar e leve à geladeira por 20 minutos.
9. Para desenformar, vire o molde para baixo sobre uma folha de papel-manteiga. Pressione delicadamente para que o chocolate se solte do molde. Não toque diretamente no chocolate para não marcá-lo. Pegue o ovo com o papel manteiga e vire-o.
10. Recheie uma das metades com bombons e coloque a outra metade por cima, pincelando a emenda com chocolate derretido para fechar o ovo.
11. Embrulhe-o em papel-alumínio, depois embale com papel-celofane e amarre um laço de fita.

Ovos de Páscoa

Ovo de Páscoa Marmorizado

Ingredientes
2 ovos

1/2 kg de chocolate escuro (ao leite, amargo ou meio amargo)

1/2 kg de chocolate branco

Modo de fazer

1. Pique, derreta e tempere os dois tipos de chocolate separadamente, seguindo os passos 1 a 5 do Ovo de Páscoa tradicional.
2. Forre os dois moldes com chocolate escuro e deixe secar por alguns minutos.
3. Faça a segunda camada com chocolate branco, misturando-os levemente com o pincel ou a colher que estiver usando. Leve à geladeira por 5 minutos.
4. Repita o processo, fazendo camadas de chocolate escuro e de branco e mesclando-as, até que o ovo atinja a espessura desejada.
5. Espere secar e leve à geladeira por 20 minutos.
6. Desenforme, recheie e embrulhe seguindo os passos 9 a 11 da receita do Ovo de Páscoa tradicional.

Ovo de Páscoa Crocante

Ingredientes
2 ovos

1 kg de chocolate escuro (ao leite, amargo ou meio amargo) em barra

200 g de nozes picadas, castanha de caju moída ou flocos de arroz

Modo de fazer

1. Siga os passos 1 a 5 da receita do Ovo de Páscoa tradicional.
2. Passe a primeira camada de chocolate nos moldes, conforme explicado nos passos 6 e 7.
3. Quando o restante do chocolate estiver completamente frio (se estiver morno vai amolecer o crocante), adicione o ingrediente escolhido e misture bem.
4. Termine de preparar seguindo os passos 8 a 11 da receita do Ovo de Páscoa tradicional.

Na página ao lado, Ovos de Páscoa (receitas na ▶ página 95 e acima). Na dupla seguinte, Jamil Aun cocktail e Ovomaltine (receitas na página 92).

Sobremesas

O merengue

O merengue, feito basicamente de claras batidas e açúcar, é utilizado em uma infinidade de doces. Para que cresça e fique perfeito, não pode conter o menor resquício de gema. Por isso, é preciso ter cuidado na hora de separar os ovos.
Coloque as claras na tigela da batedeira e ligue o aparelho em velocidade alta. Quando começar a espumar, junte uma pitada de sal para dar mais estabilidade às claras. Continue batendo até formar picos moles ao levantar o batedor. Acrescente então o açúcar na quantidade indicada na receita e bata até formar picos firmes.

Merengue com morango
(Ulda Mandu)

Ingredientes
6 porções

3 claras
1/2 xícara de chá de açúcar
Casca de limão ralada

Manteiga para untar
Morangos frescos para decorar

Modo de fazer

1. Bata as claras em ponto de neve.
2. Vá juntando o açúcar aos poucos e batendo sempre até que fique bem firme.
3. Adicione a casca de limão ralada e bata só para misturar.
4. Preaqueça o forno em temperatura mínima. Unte as assadeiras.
5. Disponha porções generosas do merengue nas assadeiras e leve ao forno.
6. Retire quando estiverem sequinhos, mas antes que comecem a corar.
7. Espere esfriar, decore com morangos frescos e sirva.

◀ Na página ao lado, Merengue com morango (receita acima).

Sobremesas

Torta doçura de morango

Ingredientes

1 caixa de morango maduro
6 claras
1 xícara de chá de açúcar
Manteiga para untar
250 ml de creme de leite fresco

Modo de fazer

1. Lave os morangos, retire o cabinho, coloque num escorredor e reserve.
2. Bata as claras em ponto de neve.
3. Vá juntando o açúcar aos poucos e batendo sempre até que fique bem firme.
4. Preaqueça o forno em temperatura mínima. Unte a assadeira.
5. Numa folha de papel-manteiga, desenhe dois círculos de igual diâmetro que caibam na assadeira. Coloque a folha de papel no fundo da assadeira e unte-a.
6. Recubra os círculos com o merengue, formando dois discos.
7. Leve ao forno e deixe assar até que estejam sequinhos, mas antes que comece a corar.
8. Retire do forno e deixe esfriar.
9. Bata o creme de leite até obter consistência de chantili.
10. Coloque um disco de merengue no prato de servir. Cubra-o com metade do chantili. Arrume por cima metade dos morangos. Repita as camadas nessa ordem. Conserve na geladeira até o momento de servir.

Arroz-doce com gemas

Ingredientes
4 pessoas

1 xícara de chá de arroz, lavado e escorrido
3 xícaras de chá de leite
1 pedaço de casca de limão
1 xícara de chá de açúcar
1 pitada de sal
3 gemas
Canela em pó

Modo de fazer

1. Cozinhe o arroz em 2 xícaras de água até secar.
2. Em outra panela, ferva o leite com a casca de limão.
3. Passe o arroz cozido para a panela do leite, mexa e cozinhe até amolecer bem.
4. Retire a casca de limão, junte o açúcar, o sal e as gemas batidas e misture bem.
5. Cozinhe em fogo baixo, mexendo sempre, até engrossar.
6. Sirva morno, frio ou gelado, polvilhado com canela em pó.

Sobremesas

Balas de ovos

Ingredientes

4 1/2 xícaras de chá de açúcar
1 colher (sopa) de manteiga
2 ovos
10 gemas

Modo de fazer

1. Misture 1 1/2 xícara de açúcar e 1/2 xícara de água e leve ao fogo até obter uma calda em ponto de pasta.
2. Retire do fogo, espere amornar e acrescente a manteiga, os ovos e as gemas.
3. Leve ao fogo brando e mexa até soltar do fundo da panela. Deixe esfriar.
4. Com 3 xícaras de açúcar e 1 1/2 xícara de água, prepare uma calda em ponto de bala dura. Enrole bolinhas com a massa de ovos, passe-as pela calda e coloque sobre o mármore para esfriar.
5. Depois de frias e secas, embrulhe as balas em papel celofane.

Calda em ponto de pasta
Para saber se está no ponto, mergulhe a colher na calda, retire-a e gire rapidamente, dando duas voltas. Ao cair, a calda forma uma franja de fiozinhos curtos. Leva cerca de 20 minutos em fogo forte.

Calda em ponto de bala dura
Para saber se está no ponto, despeje um pouco de calda numa xícara com água fria e faça com ela uma bala, que deverá ficar dura e quebradiça. Leve cerca de 35 minutos em fogo forte, sem mexer.

Zabaione

Ingredientes
4 pessoas

4 gemas
4 colheres de sopa de açúcar
8 colheres de sopa de vinho Marsala

Modo de fazer

1. Misture todos os ingredientes numa tigela refratária e bata muito bem.
2. Leve a tigela ao fogo em banho-maria. Cozinhe em fogo baixo, batendo sem parar com uma colher de pau. Primeiro, vai ficar espumoso e depois, um creme leve.
3. Despeje em taças e deixe esfriar.
4. Sirva morno ou frio, acompanhado de língua-de-gato (receita na página 112).

Sobremesas

Papos-de-anjo

Ingredientes

6 gemas
Manteiga para untar
1/2 kg de açúcar

Modo de fazer

1. Bata as gemas na batedeira por 10-15 minutos, até que fique claro e espumoso.
2. Unte 24 forminhas de 4 cm de diâmetro e despeje nelas as gemas batidas preenchendo-as até 2/3 da altura.
3. Coloque as forminhas numa assadeira e asse em forno moderado por 15 minutos, até que fiquem crescidos e dourados.
4. Enquanto assam, prepare a calda: coloque o açúcar numa panela com 1 1/2 xícara de chá de água. Deixe ferver até o ponto de fio brando.

5. Desenforme os papos-de-anjo, deixando-os cair diretamente na calda. Mexa delicadamente e deixe esfriar na própria panela. Passe para uma compoteira.

Calda em ponto de fio brando
Despeje um pouco de calda num pires. Deixe esfriar o suficiente para tocar. Aperte com o dedo e puxe para cima. Se a calda estiver no ponto, forma-se um fio mole, que se desmancha facilmente. Leva cerca de 10 minutos de cozimento em fogo forte, sem mexer.

Ambrosia

Ingredientes

2 xícaras de chá de açúcar
2 pedaços de canela em pau

5 cravos-da-índia
8 gemas
2 xícaras de chá de leite

Modo de fazer

1. Numa panelinha, dissolva o açúcar em 1 xícara de água. Junte a canela e os cravos-da-índia, leve ao fogo e faça uma calda em ponto de fio brando (veja acima).
2. Bata as gemas com o leite.
3. Despeje as gemas batidas sobre a calda, sem mexer. Abaixe o fogo para o mínimo, tampe a panela e deixe cozinhar até começar a endurecer.
4. Mexa ligeiramente e deixe ferver mais um pouco. Retire do fogo, deixe esfriar e passe para uma compoteira.

SOBREMESAS

BOLO DE CLARAS COM CHANTILI DE CHOCOLATE

Ingredientes

Para o bolo:
1 1/2 xícara de chá de claras
1 pitada de sal
1 xícara de chá de açúcar
1 xícara de chá de farinha de trigo

4 colheres de sopa de chocolate em pó

Para o recheio e a cobertura:
Creme chantili
Chocolate em pó

MODO DE FAZER

1. Preaqueça o forno em temperatura moderada.
2. Bata as claras com o sal até o ponto de neve firme.
3. Vá juntando os ingredientes secos aos poucos, batendo sem parar.
4. Despeje a massa numa forma redonda com buraco no meio (não é preciso untar).
5. Leve ao forno para assar. Espere esfriar para desenformar.
6. Para o recheio e a cobertura, misture chantili com chocolate em pó a gosto.
7. Corte o bolo já frio ao meio, recheie e cubra com o chantili de chocolate.

OVOS MOLES DE AVEIRO

Ingredientes

1/2 kg de açúcar

12 gemas
Canela em pó

MODO DE FAZER

1. Leve ao fogo o açúcar com 1 1/2 xícara de água e deixe ferver até formar uma calda em ponto de espelho.
2. Adicione as gemas, uma de cada vez, mexendo firmemente com uma colher de pau até que esteja cozido.
3. Retire do fogo e deixe esfriar. Sirva polvilhado com canela em pó.

Calda em ponto de espelho
Para saber se está no ponto, mergulhe a colher na calda, retire-a e gire rapidamente, dando duas voltas. Ao cair, a calda forma uma fita larga e transparente. Leva cerca de 25 minutos de cozimento em fogo forte.

Sobremesas

Carolinas

Ingredientes

1/2 xícara de chá de manteiga
1 xícara de chá de farinha de trigo
1 pitada de sal
3 ovos
1 colher de sopa de fermento em pó
Manteiga para untar

Modo de fazer

1. Coloque numa panela a manteiga com 1 xícara de água e leve ao fogo.
2. Peneire juntos a farinha e o sal.
3. Quando ferver, adicione a farinha peneirada de uma vez e bata bem com uma colher de pau até a massa soltar da panela (cerca de 5 minutos). Deixe esfriar.
4. Depois de frio, junte os ovos, um a um, batendo bem até que a massa fique leve e comece a formar bolhas.
5. Acrescente o fermento e bata mais um pouco.
6. Unte as assadeiras. Preaqueça o forno.
7. Coloque a massa em um saco de confeiteiro com o bico grosso e faça carolinas (redondas) ou bombas (tiras com cerca de 7 cm de comprimento) nas assadeiras, deixando espaço entre elas.
8. Leve ao forno quente para assar até dourar. Deixe esfriarem dentro do forno, sem abrir.
9. Com o bico de confeitar, recheie as carolinas ou bombas com chantili ou creme de confeiteiro (veja receita abaixo).

Creme de confeiteiro

Ingredientes

3 colheres de sopa de farinha de trigo
1 xícara de chá de açúcar
1 pitada de sal
3 gemas
1 colher de chá de essência de baunilha
2 xícaras de chá de leite

Modo de fazer

1. Bata todos os ingredientes no liquidificador até que fique liso e homogêneo.
2. Passe para uma panela e leve ao fogo baixo, mexendo até engrossar.
3. Retire do fogo e deixe esfriar. Use para rechear carolinas e bombas, com o auxílio do saco de confeitar.

Baba-de-moça

Ingredientes

2 xícaras de chá de açúcar
6 gemas

1 vidro (200 ml) de leite de coco

Modo de fazer

1. Numa panela, dissolva o açúcar em 1 xícara de água. Leve ao fogo e ferva até o ponto de fio. Espere amornar.
2. Misture à calda o leite de coco e as gemas passadas por uma peneira. Leve de volta ao fogo e mexa com uma colher de pau até engrossar.
3. Espere esfriar e passe para uma compoteira. Sirva gelado.

Calda em ponto de fio
Leve a água com o açúcar ao fogo forte por cerca de 15 minutos, sem mexer. Despeje um pouco de calda num pires. Deixe esfriar o suficiente para tocar. Aperte com o dedo e puxe para cima. Se a calda estiver no ponto, ela ficará grudada no dedo e formará um fio que não se desmancha.

Creme brulée

Ingredientes

1/2 litro de creme de leite
6 gemas

1 xícara de chá de açúcar
1 colher de chá de maisena
1 colher de chá de essência de baunilha

Modo de fazer

1. Aqueça bem o creme de leite, mas não deixe ferver. Retire do fogo e reserve.
2. Numa panela, bata as gemas com metade do açúcar, a maisena e a baunilha.
3. Adicione aos poucos o creme de leite quente, batendo com uma colher de pau.
4. Leve ao fogo baixo e cozinhe até que o creme engrosse ligeiramente.
5. Despeje o creme em tigelinhas refratárias e deixe esfriar, formando uma película na superfície.

6. Pouco antes de servir, preaqueça o forno em temperatura máxima.
7. Polvilhe a superfície do creme com o restante do açúcar, tomando cuidado para que não caia na borda das tigelinhas.
8. Leve ao forno bem quente para dourar a superfície e sirva.

Sugestão: se quiser, aromatize o creme com casca de laranja ralada.

Sobremesas

Bolo souza leão

Ingredientes

1 kg de mandioca bem cozida
6 gemas
1 vidro grande de leite de coco
1/2 kg de açúcar
1 pacote (200 g) de manteiga
1 pitada de sal
Manteiga para untar

Modo de fazer

1. Passe a mandioca cozida por uma peneira para obter uma pasta.
2. Coloque a pasta em uma tigela e acrescente as gemas, uma a uma, misturando bem.
3. Junte o leite de coco e mexa.
4. Com o açúcar e 1 1/2 xícara de água, faça uma calda em ponto de fio brando (veja página 104).
5. Retire a calda do fogo, derreta nela a manteiga e tempere com o sal.
6. Despeje a calda ainda quente sobre a massa, batendo bem com a colher de pau.
7. Coloque a massa numa forma untada e leve ao forno quente para assar até dourar.

Ovos nevados

Ingredientes

3 xícaras de chá de leite
1 colher de café de essência de baunilha
5 ovos
2 xícaras de chá de açúcar

Modo de fazer

1. Ferva o leite com a baunilha.
2. Separe as claras das gemas.
3. Bata as gemas com metade do açúcar.
4. Adicione o leite quente aos poucos, mexendo sempre.
5. Leve ao fogo baixo e mexa sem parar até engrossar. Reserve.
6. Bata as claras com o restante do açúcar até o ponto de neve firme.
7. Em uma panela com água fervente, mergulhe uma colher de claras em neve por 30 segundos.
8. Vire com cuidado e cozinhe por mais 30 segundos.
9. Sirva em taças, com o creme de gemas por baixo e as claras em neve por cima.

Fatias de Tomar

12 gemas

Manteiga para untar
1/2 kg de açúcar

Modo de fazer

1. Bata as gemas na batedeira por cerca de 20 minutos.
2. Despeje numa assadeira bem untada e leve ao forno em banho-maria para assar por 1 hora. De vez em quando, complete o nível da água, para manter o banho-maria.
3. Retire do forno e deixe esfriar.
4. Leve o açúcar ao fogo com 2 xícaras de água e apure até obter uma calda rala.
5. Corte o doce já frio em tiras e vá colocando-as para cozinhar um pouco na calda. Se a calda engrossar, junte um pouco de água quente.
6. Passe as fatias para uma compoteira e regue com o restante da calda. Espere esfriar bem para servir.

Pão-de-ló

Manteiga para untar
6 ovos
3 xícaras de chá de farinha de trigo
1 colher de sopa de fermento
3 xícaras de chá de açúcar
1 xícara de chá de leite

Modo de fazer

1. Unte a assadeira e preaqueça o forno em temperatura moderada.
2. Separe os ovos. Bata as claras em neve e reserve.
3. Peneire a farinha junto com o fermento.
4. Na batedeira, bata muito bem as gemas com o açúcar até ficar claro e espumoso.
5. Batendo sempre, adicione o leite e depois os ingredientes secos peneirados, às colheradas.
6. Quando a massa estiver bem lisa, retire da batedeira e misture delicadamente as claras em neve.
7. Despeje a massa na assadeira e leve ao forno preaquecido para assar até começar a dourar.

Sobremesas

Bom-bocado de coco

Ingredientes

3 ovos
1 1/2 xícara de chá de açúcar
3 colheres de sopa de manteiga
2 colheres de sopa de farinha de trigo
1 coco fresco ralado (ou 200 g de coco ralado seco)
Manteiga para untar

Modo de fazer

1. Separe os ovos, bata as claras em neve e reserve.
2. Bata as gemas com o açúcar.
3. Junte a manteiga, a farinha e o coco ralado e misture muito bem.
4. Por último, acrescente as claras batidas em neve e mexa delicadamente.
5. Preaqueça a forno. Unte uma assadeira e despeje a massa.
6. Asse em forno quente até corar.
7. Para servir, corte em quadrados.

Sugestão: se preferir fazer bom-bocados individuais, asse a massa em forminhas untadas.

Cocada dourada

Ingredientes

1 kg de açúcar
1 coco fresco ralado
6 gemas

Modo de fazer

1. Dissolva o açúcar numa panela em 3 xícaras de chá de água. Leve ao fogo forte e deixe ferver até o ponto de fio (veja página 107).
2. Retire do fogo e misture o coco ralado e as gemas batidas.
3. Leve ao fogo novamente e cozinhe, mexendo sempre com uma colher de pau, até espessar.
4. Espere esfriar e coloque numa compoteira.

Sugestão: se quiser fazer cocadinhas, deixe cozinhar por mais tempo, até soltar da panela. Com o auxílio de uma colher de sopa, faça as cocadinhas sobre papel-manteiga e espere secar.

SOBREMESAS

BREVIDADES

Ingredientes

4 ovos
1 xícara de chá de açúcar
1 colher de sopa de manteiga
2 xícaras de chá de maisena

1 colher de sobremesa de casca de limão ralada
1 colher de chá de fermento em pó
Manteiga para untar

MODO DE FAZER

1. Separe os ovos. Bata as claras em neve firme.
2. Sem parar de bater, junte as gemas, uma a uma.
3. Adicione o açúcar aos poucos e bata por 5 minutos.
4. Batendo sempre, acrescente a manteiga, a maisena, a casca de limão ralada e o fermento.
5. Preaqueça o forno. Unte as forminhas.
6. Despeje a massa nas forminhas untadas e asse em forno quente até corar.

BEM-CASADOS

Ingredientes

6 ovos
1 xícara de chá de açúcar
1 xícara de chá de farinha de trigo
1 xícara de chá de maisena

1 colher de sobremesa de fermento em pó
Manteiga para untar
Farinha de trigo para polvilhar
1 lata (395 g) de doce de leite
Açúcar de confeiteiro

MODO DE FAZER

1. Separe os ovos. Peneire juntos o açúcar, a farinha, a maisena e o fermento.
2. Bata as claras em neve firme.
3. Sem parar de bater, junte as gemas, uma a uma, e depois os ingredientes secos peneirados, aos poucos.
4. Preaqueça o forno. Unte as assadeiras e polvilhe com farinha de trigo.
5. Coloque a massa no saco de confeitar e, com o bico grande liso, faça bolachinhas redondas com cerca de 4 cm de diâmetro, deixando um espaço entre elas.
6. Leve ao forno moderado para assar (não deixe corar).
7. Depois de frias, una as bolachinhas, duas a duas, com doce de leite.
8. Passe pelo açúcar de confeiteiro e embrulhe.

Biscoitinho de ovos

Ingredientes

6 ovos
1 xícara de chá de açúcar
1/2 xícara de chá de farinha de trigo
Manteiga para untar

Modo de fazer

1. Separe os ovos. Na batedeira, bata as claras em neve até ficarem bem firmes.
2. Junte as gemas, uma a uma, batendo sempre.
3. Continuando a bater, acrescente o açúcar.
4. Retire da batedeira e misture a farinha aos poucos, delicadamente, sem bater.
5. Preaqueça o forno em temperatura baixa. Unte as assadeiras.
6. Coloque a massa no saco de confeitar e faça os biscoitinhos. Decore a gosto.
7. Leve ao forno brando para assar até corar ligeiramente.

Sugestão: decore os biscoitinhos, antes de assar, com um pouquinho de castanha de caju, amendoim ou amêndoas moídas.

Língua-de-gato

Ingredientes

1 1/2 pacote (300 g) de manteiga amolecida
2 xícaras de chá de açúcar
9 claras
2 1/2 xícaras de chá de farinha de trigo
Manteiga para untar
Farinha de trigo para polvilhar

Modo de fazer

1. Bata a manteiga com o açúcar até obter um creme fofo.
2. Retire da batedeira e misture as claras, sem bater.
3. Acrescente aos poucos a farinha de trigo, mexendo suavemente.
4. Preaqueça o forno. Unte as assadeiras e polvilhe com farinha.
5. Coloque a massa no saco de confeitar com bico liso e faça palitos nas assadeiras, deixando espaço entre eles porque a massa espalha.
6. Deixe descansar por 5 minutos.
7. Leve ao forno quente e asse por 8-10 minutos, ou até ficar com as bordas coradas.

CREPES SUZETTE

Ingredientes

1 receita de Massa para crepes (veja página 58)
4 colheres de sopa de manteiga
6 colheres de sopa de açúcar
1 xícara de chá de suco de laranja
1 colher de sopa de casca de laranja ralada
1 cálice de Grand Marnier (licor de laranja)

MODO DE FAZER

1. Prepare os crepes seguindo a receita e mantenha-os aquecidos.
2. Coloque a manteiga e o açúcar numa panelinha, leve ao fogo baixo e espere derreter.
3. Acrescente o suco e as raspas de laranja e metade do licor. Deixe ferver até obter uma calda.
4. Espalhe um pouco da calda sobre cada crepe.
5. Dobre cada crepe em quatro e arrume-os numa travessa.
6. Espalhe por cima o licor restante aquecido.
7. Flambe e sirva imediatamente.

SUFLÊ DE CHOCOLATE

Ingredientes

4 ovos
5 colheres de sopa de manteiga
1 xícara de chá de açúcar
1/2 xícara de chá de leite
1/2 xícara de chá de chocolate em pó
1/2 xícara de chá de farinha de trigo
1 colher de sopa de fermento em pó
Manteiga para untar

MODO DE FAZER

1. Separe os ovos e bata as claras em neve. Reserve.
2. Na batedeira, bata a manteiga com o açúcar até ficar cremoso.
3. Acrescente as gemas e bata mais um pouco.
4. Junte o leite e bata novamente.
5. Adicione aos poucos o chocolate, a farinha e o fermento, batendo sempre.
6. Retire da batedeira e incorpore delicadamente as claras em neve.
7. Unte uma forma para suflê e despeje a massa.
8. Asse em forno moderado. Sirva imediatamente.

Sobremesas

Pudim de claras com creme de gemas

Ingredientes

Para o pudim:
12 claras
1 pitada de sal
1 xícara de chá de açúcar
Manteiga para untar
Açúcar para polvilhar

Para o creme de gemas:
6 gemas
1/2 litro de leite
1/2 colher de sopa de maisena
4 colheres de sopa de açúcar
1 colher de chá de essência de baunilha

Modo de fazer

1. Preaqueça o forno em temperatura moderada. Na batedeira, bata as claras com o sal até o ponto de neve firme.
2. Junte o açúcar aos poucos, batendo sem parar.
3. Unte uma forma redonda com buraco no meio e polvilhe com açúcar.
4. Passe o merengue para a forma, coloque numa assadeira com água e leve à grade mais alta do forno. Deixe a porta do forno ligeiramente entreaberta. Asse em banho-maria por cerca de 40 minutos. Retire do forno, espere esfriar e leve à geladeira.
5. Prepare o creme: misture bem todos os ingredientes numa panela. Leve ao fogo baixo e cozinhe, mexendo sem parar, até engrossar. Retire do fogo e deixe esfriar.
6. Desenforme o pudim, regue com o creme e sirva.

Doce de aletria

Ingredientes

1/2 pacote (250 g) de aletria (macarrão cabelo-de-anjo)
2 xícaras de chá de leite
1 xícara de chá de açúcar
3 gemas
Canela em pó

Modo de fazer

1. Coloque o macarrão no escorredor e regue-o com abundante água fervente.
2. Escorra e coloque numa panela com o leite e o açúcar. Leve ao fogo e cozinhe até o macarrão amolecer bem.
3. Bata as gemas e adicione à panela. Cozinhe por mais 2 minutos, mexendo algumas vezes.
4. Sirva morno, polvilhado com canela.

Toucinho-do-céu

Ingredientes

Para a massa:
2 xícaras de chá de farinha de trigo
1 colher de sopa de açúcar
1 pitada de sal
2/3 de xícara de chá (150 g) de manteiga
1 gema
Leite

Para o recheio:
4 xícaras de chá de açúcar
1 pacote (200 g) de manteiga
1/2 xícara de chá de amêndoa moída
9 gemas

Modo de fazer

1. Peneire juntos os ingredientes secos.
2. Faça uma cova no meio e coloque aí a manteiga e a gema. Com a ponta dos dedos, vá incorporando os ingredientes até ficar homogêneo. Junte leite aos poucos até que a massa fique leve e macia.
3. Faça uma bola, embrulhe em plástico e deixe na geladeira por 30 minutos.
4. Abra com o rolo numa espessura bem fina e forre forminhas de 6 cm de diâmetro.
5. Asse em forno médio por 15 minutos.
6. Para o recheio: faça uma calda com o açúcar e 2 xícaras de água até o ponto de pasta (ver página 103).
7. Retire do fogo, misture a manteiga e a amêndoa e espere esfriar.
8. Depois de frio, adicione as gemas.
9. Despeje o recheio nas tortinhas pré-assadas e leve ao forno brando para assar até dourar a superfície.

Caçarola italiana

Ingredientes

5 ovos
2 xícaras de chá de açúcar
3 xícaras de chá de leite
1 colher de sopa de manteiga
6 colheres de sopa de queijo parmesão ralado
6 colheres de sopa de farinha de trigo
Manteiga para untar

Modo de fazer

1. Separe os ovos. Bata as claras em neve.
2. Junte as gemas e bata mais um pouco.
3. Vá adicionando os outros ingredientes aos poucos, pela ordem, batendo sempre.
4. Unte uma forma e despeje a massa.
5. Asse em forno quente até dourar.

Sobremesas

Quindim-de-iaiá

Ingredientes

3 xícaras de chá de açúcar
1 colher de sopa de manteiga

12 gemas
1 coco fresco ralado
Manteiga para untar

Modo de fazer

1. Faça uma calda com o açúcar e 1 xícara de água até obter ponto de fio (veja página 107).
2. Retire do fogo, misture a manteiga e deixe esfriar.
3. Preaqueça o forno em temperatura moderada. Adicione as gemas, uma a uma, batendo bem com a colher de pau.
4. Acrescente o coco ralado.
5. Distribua a massa em forminhas untadas.
6. Coloque as forminhas numa assadeira com água, leve ao forno quente e asse em banho-maria até dourar.

Quindão

Ingredientes

3 ovos
9 gemas
3 xícaras de chá de açúcar
3 colheres de sopa de manteiga

1 coco fresco ralado
Manteiga para untar
Açúcar para polvilhar

Modo de fazer

1. Separe os ovos. Bata as claras em neve e reserve.
2. Numa tigela, misture as gemas com o açúcar, a manteiga e o coco ralado.
3. Por último, junte as claras em neve.
4. Unte uma forma redonda com buraco no meio e polvilhe com açúcar.
5. Despeje a massa na forma e leve ao forno quente para assar até que, ao espetar um palito, este saia seco.
6. Retire do forno, espere esfriar e desenforme. Conserve na geladeira.

Ao lado, Quindim-de-iaiá (receita acima). Na página ▶ seguinte, Toucinho-do-céu (receita na página 115).

Sobremesas

Fios de ovos

1 kg de açúcar
12 gemas

Modo de fazer

1. Numa panela, dissolva o açúcar em 3 xícaras de água. Leve ao fogo e ferva até o ponto de fio brando (veja página 104).
2. Enquanto isso, passe as gemas por uma peneira fina.
3. Coloque o funil próprio para fazer fios de ovos sobre a panela da calda, despeje um pouco das gemas e deixe cair na calda fervente, movendo o funil em círculos.
4. Retire os fios que se formaram borrifando-os com um pouco de água fria para evitar que grudem.
5. Repita o processo até terminar as gemas. Use para decorar doces e bolos.

Pudim de leite e ovos

3 ovos
1 lata de leite condensado
2 vezes essa medida (da lata) de leite
1 xícara de chá de açúcar

Modo de fazer

1. Bata os ovos no liquidificador.
2. Acrescente o leite condensado e bata mais um pouco.
3. Junte o leite e bata por mais 5 minutos.
4. Enquanto isso, derreta o açúcar e caramelize uma forma para pudim.
5. Despeje a mistura batida na forma caramelizada.
6. Cozinhe em banho-maria por 1 hora e 30 minutos, ou até que, ao enfiar um palito, este saia limpo.
7. Espere esfriar e leve à geladeira.
8. Desenforme na hora de servir.

◄ Na página anterior, Fios de ovos e, ao lado, Pudim de leite e ovos (receitas acima).

Sobremesas

Chuvisco

Ingredientes

3 xícaras de chá de açúcar

6 gemas
Farinha de trigo

Modo de fazer

1. Numa panela, dissolva o açúcar em 1 1/2 xícara de água. Leve ao fogo e ferva até obter uma calda rala.
2. Passe as gemas por uma peneira.
3. Adicione farinha até obter um mingau grosso e liso.
4. Usando uma colher de chá, pegue um pouco da massa e pingue na calda fervente. Vá separando os chuviscos para não grudarem uns nos outros.
5. Estarão prontos quando subirem à superfície. Vá colocando para escorrer sobre uma peneira.
6. Quando terminar de cozinhar todos, tire a panela do fogo e recoloque-os na calda.
7. Deixe esfriar na própria panela, depois passe para uma compoteira.

Omelete doce com maçã

Ingredientes

3 ovos
1 colher de sopa de açúcar
1 pitada de sal
3 colheres de sopa de leite

1 colher de chá de casca de limão ralada
2 maçãs
1 1/2 colher de sopa de manteiga

Modo de fazer

1. Bata os ovos com o açúcar, o sal, o leite e a casca de limão ralada.
2. Descasque as maçãs, elimine as sementes e corte a polpa em fatias finas.
3. Derreta a manteiga numa frigideira em fogo médio e arrume as fatias de maçã cobrindo todo o fundo.
4. Despeje a mistura de ovo sobre a maçã, inclinando a frigideira para distribuir o líquido por igual. Deixe a omelete fritar e ficar firme.
5. Com o auxílio de um prato, vire-a para dourar do outro lado. Sirva em seguida, acompanhando com sorvete de creme.

TEMPEROS
que vão bem com ovos

FINES HERBES

Usadas desde a mais remota Antiguidade, as ervas não apenas perfumam e dão sabor aos alimentos, mas têm também a função de facilitar a digestão. Algumas, como a salsa e a cebolinha-verde, são mais conhecidas e utilizadas no dia-a-dia; outras, mais sofisticadas, entram na composição de pratos mais elaborados, principalmente franceses e italianos.

Existem vários temperos que são conhecidos por um nome, mas na verdade são uma mistura de vários condimentos. Na França, uma famosa mistura de quatro ervas aromáticas (estragão, cerefólio, cebolinha-verde e salsa) é conhecida como Fines Herbes. Uma pitada de *fines herbes* faz qualquer prato ficar mais saboroso. Elas são especialmente indicadas para temperar omeletes e pratos à base de ovos.

Também da França vem outra mistura bastante conhecida pelos gourmets — as Herbes de Provence — composta de cinco temperos (tomilho, basilicão, erva-doce, segurelha e lavanda), usada em assados, cozidos e molhos de carne.

ESTRAGÃO

Planta originária da Sibéria, comum em toda a Europa a partir do século XV, que se converteu no tempero mais apreciado da culinária francesa. Seu nome científico (*Artemisia dracunculus*) significa "pequeno dragão" e deriva da crença de que essa erva tinha poderes de antídoto contra as picadas de animais venenosos, como víboras, aranhas etc.

Existem dois tipos de estragão usados na culinária: o chamado estragão verdadeiro (o francês) e o estragão russo, mais fácil de ser cultivado, porém com um leve amargor no paladar.

O estragão é um dos principais ingredientes das chamadas *fines herbes*. É também usado em saladas, molhos, peixes, carnes e aves. Por causa do seu delicado sabor, não é aconselhado o seu uso na forma seca, como acontece com outras ervas.

O vinagre aromatizado com estragão é um clássico da cozinha francesa, e a aplicação inversa, ou seja, as folhas conservadas em vinagre, é o melhor método para manter o aroma e o sabor do tempero.

Manteiga de estragão

Misture 1 colher de sopa de estragão picado com o suco de 1/2 limão. Adicione essa mistura a 200 g de manteiga em temperatura ambiente e misture bem. Separe em porções de uma colher de sopa, envolva em papel-alumínio e congele por até 60 dias. Use para dar um toque especial a carnes, peixes ou aves.

CURRY

A palavra curry, que vem do tâmil *kari*, serve tanto para designar o tempero em si quanto os pratos com ele preparados. Em Portugal é chamado de caril.

Ainda que todos os curries sejam associados à culinária indiana, a palavra começou a ser usada pelos colonos ingleses na Índia para designar pratos os mais variados – à base de carne, peixes, aves, arroz ou verduras – de sabor levemente picante, resultante da mistura de diversos temperos. Essas misturas são chamadas de "massala".
Existem inúmeras receitas de massala mas, mesmo utilizando os mesmos produtos, o resultado será sempre diferente, uma vez que cada pessoa dosa os ingredientes a seu gosto. A mistura de especiarias mais usada na Índia é o *garam massala*, feita com louro, cominho, coentro em grão, cardamomo, pimentas, erva-doce, canela e cravo-da-índia.

Assim, o curry é um massala. Sua composição é muito variada, podendo conter até 38 tipos diferentes de tempero, entre eles cúrcuma, coentro, gengibre, cebola, mostarda, anis, açafrão, cominho, canela, noz-moscada, cardamomo, louro, cravo-da-índia e vários tipos de pimenta. Não existe uma mistura específica, todas elas são variadas, compostas de ervas e especiariais características da culinária indiana, mas sempre em forma de pó. Os temperos são secos ao sol ou torrados no fogo e depois triturados. Na Índia, cada família tem sua própria receita de curry e de massala.

A mistura de curry mais comum, industrializada e vendida em vidrinhos, é geralmente composta de cúrcuma, gengibre, pimenta, cominho e coentro, porém existem infinitas variações.

Índice das Receitas

Ambrosia   104
Arroz-doce com gemas   102
Avgolemono   72

Baba-de-moça   107
Balas de ovos   103
Batida tropical   93
Bem-casados   111
Biscoitinho de ovos   112
Blinis   90
Bolo de claras com chantili de
    chocolate   105
Bolo Souza Leão   108
Bom-bocado de coco   110
Brevidades   111
Bruscadelle   73

Caçarola italiana   115
Carolinas   106
Chawan mushi   74
Chuvisco   122
Cocada dourada   110
Creme brulée   107
Creme de confeiteiro   106
Crepes Suzette   113

Dashi   74
Doce de aletria   114

Egg flip   94
Egg nog   93
Eir mit tzibele   73
Espaguete com ovas de salmão   91

Fatias de Tomar   109
Filé de pescada à dorê   17
Fios de ovos   121
Fritada de batata   35
Fritada de batata chips   36
Fritada de batata com cebola   36
Fritada de macarrão   42
Fritada de milho verde   39

Fritada de presunto cru   38
Fritada de presunto e batata   37
Fritada no vapor   38

Gemada   92
Gin Fizz Ramos   94

Huevos haminados   71

Jamil Aun cocktail   92

Língua-de-gato   112

Maionese 1   80
Maionese 2   80
Maionese com alho   81
Maionese com ervas finas   81
Maionese de aliche   82
Maionese de salmão   85
Maionese verde   82
Massa básica para macarrão   57
Massa para crepe   58
Massa para panqueca   58
Merengue com morango   101
Molho béarnaise   86
Molho bénédictine   85
Molho de caviar e champanhe   91
Molho gribiche   84
Molho holandês   86
Molho mornay   83
Molho rémoulade   84
Molho tártaro   83

Omelete aos queijos   45
Omelete com basterma   70
Omelete com ervas   46
Omelete cremosa   48
Omelete de alface   42
Omelete de aliche   49
Omelete de bacalhau   40
Omelete de camarão   40
Omelete de cebola   41

Omelete de cogumelo   49
Omelete de couve-flor   47
Omelete de espinafre   45
Omelete de legumes   48
Omelete de pimentão e atum   41
Omelete de presunto e ervilhas   39
Omelete doce com maçã   122
Omelete japonesa   79
Omelete simples   30
Omelete tricolor   46
Omeletes gratinados   47
Omelette baveuse   69
Ovas de ouriço-do-mar temperadas   90
Ovo com parmesão e ketchup   68
Ovo com trufa ao molho de vinho tinto
   com pimenta-rosa   67
Ovo coq   69
Ovo cozido   18
Ovo de Páscoa crocante   96
Ovo de Páscoa marmorizado   96
Ovo de Páscoa tradicional   95
Ovo frito com foie gras   68
Ovo frito ou estrelado   23
Ovomaltine   92
Ovo pochê   26
Ovo pochê ao molho de tomate   26
Ovo quente   18
Ovos ao forno   27
Ovos ao forno com presunto   27
Ovos com bacon   28
Ovos com sumac   70
Ovos cozidos ao curry   20
Ovos cozidos com atum   19
Ovos cozidos com azeitonas pretas   19
Ovos de codorna de bar   20
Ovos de dona Churo   79
Ovos de longo cozimento   71
Ovos fritos com berinjela   24
Ovos fritos com espinafre   24
Ovos fritos com pimentão e cebola   25
Ovos fritos com tomate e bacon   25
Ovos fritos com tomates confit   29
Ovos Joly   30
Ovos mexidos   28
Ovos mexidos com aspargos   50
Ovos mexidos com camarão   52

Ovos mexidos com cogumelo   52
Ovos mexidos com queijo gruyère   50
Ovos mexidos com salmão   51
Ovos mexidos com salsicha   51
Ovos moles de Aveiro   105
Ovos nevados   108

Pão-de-ló   109
Papos-de-anjo   104
Peito de frango à milanesa   17
Pudim de claras com creme de
   gemas   114
Pudim de leite e ovos   121

Quindão   116
Quindim-de-iaiá   116

Salada de ovos   73
Shakshouka   72
Sopa de limão e ovo   72
Suflê de abóbora com carne-seca   61
Suflê de bacalhau   61
Suflê de camarão   62
Suflê de chocolate   113
Suflê de cogumelo   63
Suflê de couve-flor   64
Suflê de espinafre   60
Suflê de gorgonzola   63
Suflê de merluza   62
Suflê de presunto   60
Suflê de queijos   59
Suflê de salmão defumado   64

Tamagoyaki   79
Tomates confit   29
Torta doçura de morango   102
Tortilla al vapor   38
Tortilla de chorizo   37
Tortilla de jamón   38
Tortilla de jamón y patata   37
Tortilla de patata   35
Tortilla de patata con cebolla   36
Tortilla de patata chips   36
Toucinho-do-céu   115

Zabaione   103

BIBLIOGRAFIA

El libro de los huevos y de las tortillas (Ines Ortega, Alianza Editorial)

El librito del amante del huevo (Jenny Ridgwell, José J. de Olaneta Editor)

Cocinar con huevos (Elisa Pedrola, Distribuciones Mateos)

Ovo, o mito do colesterol (Sergio Puppin, Estácio de Sá)

Ovos (Grande Enciclopédia da Cozinha, Século Futuro)

Larouse Gastronomique

La Cucina Italiana